SENTIMENS

D'VN

THEOLOGIEN,

Sur la deliberation de quelques Prelats assemblez à Paris le second iour d'Octobre dernier, pour determiner les moyens d'executer les Constitutions & le dernier Bref du Pape.

OV L'ON FAIT VOIR

I. *Que le Formulaire n'y est pas propre.*

II. *Que tout autre acte qui obligeroit à signer la condamnation des cinq Propositions dans le sens de Iansenius, seroit encore pire & moins receuable que le Formulaire.*

III. *Que par la declaration presentée au Roy par Monsieur l'Euesque de Comenge, on satisfait plainement au Pape & aux Constitutions.*

M. DC. LXIV.

SENTIMENS D'VN THEOLOGIEN,

sur la deliberation de quelques Prelats assemblez, à Paris le second iour d'Octobre dernier pour determiner les moyens d'executer les Constitutions & le dernier Bref du Pape.

I.

TOVS ceux qui ayment l'Eglise, ont eu beaucoup de joye depuis vn an, de voir qu'on trauailloit à luy donner la paix, & à la deliurer des maux que les disputes & les diuisions, touchant la doctrine de saint Augustin luy ont causez depuis plus de vingt-ans. Ils attendoient l'accomplissement de ce bien auec vne sainte impatience : le Roy tesmoignoit le desirer autant que personne, comme Protecteur & Fils aisné de l'Eglise : Les Princes & les grands de la Cour suiuoient son exemple, & presque tout le monde conspiroit dans le mesme souhait. Mais ceux qui n'y trouuoient pas leur conte, s'y sont opposez, & lors qu'on estoit sur le point de conclure cette paix si generallement desirée, ils l'ont dissipée en vn moment, pour reduire les choses dans la premiere confusion. Ils ont creu que le meilleur moyen d'executer leur dessein, estoit de procurer promtement par leurs intrigues vne assemblées de quelques Prelats, où ils feroient ordonner par ceux qui ont plus d'engagement auec eux, ce qui seroit plus propre pour exciter vne nouuelle tempeste & vne nouuelle persecution contre ceux qui ne voudroient pas se rendre à leurs desirs & consentir à leur injustice. De sorte qu'il semble qu'on peut dire que cette assemblée est comme vn conseil de guerre, qui a succedé à vn traitté de paix, n'ayant pour but dans l'esprit de ceux qui en sont les premiers autheurs, que de troubler encor l'Eglise, & d'y r'allumer vn feu qui estoit presque esteint.

II.

On ne sçauroit nier que le Formulaire de la derniere assemblée du Clergé n'ait mis la guerre dans l'Eglise, puis

laire mon-
tre qu'on
veut la
guerre.

qu'il luy a rauy la paix & la tranquillité dont elle commentçoit de joüir depuis quelque temps, & qu'il à répandu le bruit des contentions & le trouble des consciences dans les Dioceses & dans les Prouinces, où on n'auoit pas seulement ouy parler des disputes qui se sont esleuées sur le sujet du liure de Iansenius. C'est pourquoy lors qu'on à proposé de pacifier les choses par vn accommodement, on à jugé qu'il estoit impossible d'en venir about, si on ne commençoit par supprimer ce Formulaire; & on demeura d'accord qu'il n'en seroit point parlé, & qu'on ne le regarderoit que comme vne source de diuision & de schisme. Il ne faut donc pas s'étonner, si ceux qui ne veulent point la paix, se descouurent en recourant au Formulaire, *& s'y attachant immuablement*, comme à vne chose qu'ils sçauent estre directement opposee à la reunion des esprits, & entierement incompatible auec le repos des consciences, par le consentement des Iesuites mesmes, & s'ils recommencent la guerre par le restablissement de ce Formulaire, comme l'accommodement auoit esté commencé par sa suppression.

III.

Que ce
renouuelle-
ment du
Formulaire
ne sert qu'à
le rendre
plus odieux

Il n'estoit pas besoin d'vne nouuelle assemblée pour ordonner la signature du Formulaire, puis qu'elle auoit esté assez ordonnée par la derniere assemblée generalle du Clergé, à laquelle celle de quatorze ou quinze Euesques n'est pas comparable. Que si vne assemblée generalle, n'a pas eu le pouuoir de le faire approuuer de tout le monde; il n'y a point d'apparance qu'vne assamblée particuliere, & si petite en ait d'auantage, & que tous les Prelats & les autres Ecclesiastiques luy rendent plus d'honneur & de defference qu'à tout le Clergé de France. Cette nouuelle ordonnance n'est donc pas seulement superfluë, mais elle ruine ce qu'elle veut establir, ne voulant seruir qu'à rendre le Formulaire plus odieux, par l'entreprise de si peu d'Euesques sur tous les autres Euesques, & sur tous les Ecclesiastiques du Royaume, qui souffriront auec plus de peine ce second mespris de leur Caractere, & de l'Ordre de l'Eglise, que le premier qui n'estoit pas si notable.

IV.

On ſçait que ceux qui ſe ſont plus ſignalez dans cette Aſſemblée, ont eſté des principaux autheurs & promoteurs du Formulaire, & qu'ils l'ont publié & executé dans leurs Dioceſes, en faiſant ſigner & rendre teſmoignage par eſcrit, iuſqu'aux ſimples Religieuſes, & aux Sœurs conuerſes, de ce qui eſt contenu dans le Liure de Ianſenius. Ils pouuoient apres cela ſe tenir en repos, & croire qu'ils auoient rendu leur zele aſſez remarquable dans cette affaire, ſi la paſſion qu'ils ont pour le Formulaire, comme pour leur ouurage, ne leur euſt mis dans l'eſprit, qu'il y va de leur honneur à le faire valoir & à le faire regner dans tous les Dioceſes, en impoſant ſon joug à tous leurs confreres, en recommençant la guerre pour luy dans l'Egliſe, en luy rendant la paix impoſſible, & la jettant dans vn deſordre & dans vne confuſion perpetuelle. Car ils ne ſe contentent pas de faire tout ce qu'ils peuuent par eux meſmes, mais ils taſchent de ſe rendre redoutables par le nom du Roy, & de joindre ſa puiſſance à leur zele extraordinaire, pour mettre tout en feu, & empeſcher que perſonne ne leur puiſſe eſchapper, ſans eſpargner les Eueſques, non plus que les autres,

V.

On ne peut pas dire qu'ils ont choiſi ce Formulaire pour ſatisfaire au dernier Bref du Pape, qui exhorte les Eueſques de France à ſe ſeruir des moyens qu'ils jugeront plus propres pour acheuer de faire obſeruer ſes conſtitutions, à ceux qui ne luy ont pas encor rendu teſmoignage de leur foy, & de leur ſoumiſſion. Car premierement ce Bref ne s'adreſſe pas à vne partie des Eueſques, & encor à la moindre, mais à tous les Eueſques du Royaume. Ils n'auoient donc pas droit de le receuoir, ny d'en deliberer qu'auec tous les autres Eueſques, ou chacun dans leurs Dioceſes, & non dans Paris, ou ils n'auoient nul pouuoir. Et il eſt manifeſte qu'eſtant ſi peu, ils ne pouuoient pas prendre pour eux ce que le Pape adreſſe à tout le corps des Eueſques, ny preuenir les auis de leurs confreres, ny leur preſcrire ce qu'ils auoient à

B

faire, ny s'atribuer l'authorité, qu'ils ne leur ont point donnée, de respondre pour eux au Pape, sans blesser le respect qui est deu à sa Sainteté, à tous les Euesques, aux loix de l'Eglise, & à celle de la Iustice & de la verité.

VI.

Que le Pape à condamné le Formulaire dans ses Brefs.

Le Pape a monstré ouuertement qu'il n'approuue point le Formulaire, puisque dans tant de Brefs qu'il a enuoyez sur le sujet des Constitutions, quelque instance qu'on luy ait faite, de la part de ceux qui le soustiennent, & quelque desir qu'il ait tesmoigné de les contenter, il n'a pû se resoudre à mettre dans aucun de ses Brefs vn seul mot en faueur du Formulaire, ou des signatures. Il paroist au contraire qu'il a apprehendé d'en faire mention, ne l'ayant pas seulement voulu nommer; & il semble qu'il l'a toûjours éuité comme vn escueil, & tout ce qu'il a pû accorder au credit & aux sollicitations de ceux qui le luy ont recommandé, ça esté de ne le condamner pas en termes expres, mais seulement par le silence. On ne peut donc pas pretendre de suiure son sentiment & son exhortation en renouuelant ce Formulaire; & il n'y a nulle apparance de croire que ce soit vn moyen conforme à ses intentions, ny l'vn de ceux dont il a laissé le choix aux Euesques. Il faut plustost auoüer qu'il l'a particulierement exclus comme illegitime, & contraire à son sens, apres l'auoir condamné tant de fois par vn silence si volontaire & si ferme.

VII.

Que le Pape a condamné par sa conduite aussi bien que son predecesseur, le Formulaire, & toute sorte de signature.

Le Pape a encore improuué le Formulaire par son exemple, n'y ayant point d'apparance qu'il veüille qu'on fasse en France, pour executer ses Constitutions, ce qu'il ne fait pas luy mesme à Rome, où il ne propose aucun Formulaire, ny n'oblige personne à signer, croyant que cela n'empesche pas que ses Constitutions n'y soient bien obseruées. Son predecesseur a renu la mesme conduite, n'ayant jamais pressé les Docteurs de Paris de signer sa Constitution: & lors qu'ils eurent l'honneur de le saluer pour prendre congé de luy, il les receut fauorablement, & leur donna sa Benediction, estant satisfait du respect & de l'humilité qu'ils luy tesmoignerent,

fans leur parler d'aucune fignature. Sa Sainteté n'en demande point encor, ny aux Theologiens, ny aux Vniuerfitez des
autres Nations Catholiques, & beaucoup moins aux perfonnes
ignorantes& aux Religieufes. Il parle donc clairement non feulement par fon filence, mais auffi par fes actions, qui font voir
à tous les Euefques qu'ils ne fçauroient mieux connoiftre fes
intentions, qu'en confiderant ce qu'il fait, ny executer plus
parfaitement fes Conftitutions, que comme il les execute luy
mefme, fans Formulaire & fans fignature ; & que ceux qui
font autrement, ne l'honorent pas, & ne le regardent pas
comme *le Soleil du Vatican, qui mefle la plenitude de fon jour
aux lumieres de leur conduitte,* comme ils s'en vantent dans
leur Lettre circulaire ; mais qu'ils oppofent pluftoft les ombres
de leur conduite, *à la plenitude du jour de ce Soleil du Vatican,*
pour caufer vne eclipfe dans l'Eglife.

VIII.

Il n'y a donc pas lieu de s'imaginer que le Pape ait approuué & loüé par fon dernier Bref la conduite de ceux qui ont
publié le Formulaire, & qu'il leur ait donné fujet de luy faire
des remerciemens. Il eft clair qu'il ne parle dans ce Bref,
que de ce que Monfeigneur l'Euefque de Comenge a fait, & du
fruit de fes trauaux, qu'il luy a prefenté en luy enuoyant
la declaration & la foumiffion des difciples de Saint Auguftin.
C'eft la *le fruit des trauaux* de ce Prelat, qui a tant plû à fa
Sainteté, & qu'elle appelle *excellent* : & elle ne l'attribuë à
tous les Euefques, qu'en prefuppofant qu'ils fe font joints à
Monfier l'Euefque de Comenge, & qu'ils ont trauaillé auec luy
pour la reünion des efprits, & pour la Paix de l'Eglife. Mais
quoy qu'il foit vray que quelques vns d'entr'eux ont part à cette
loüange, il faut neantmoins auoüer qu'elle ne peut eftre ap-
pliquée à ceux qui n'ont rien contribué aux foins & aux peines
de ce Prelat : & qui monftrent n'en auoir pas receu beaucoup
de joye, par l'ardeur auec laquelle ils tafchent de renuerfer
en vn moment tout ce qu'il a fait pendant dix mois, en pu-
bliant de nouueau vn Formulaire, dont la fuppreffion a efté
la premiere defmarche de la negotiation & de l'accommodement, auquel il à trauaillé auec tant de charité, de lumiere,
& de parience. Et ainfi au lieu de remercier le Pape, ils luy

*Que les
quinze E-
uefques ne
pouuoiét
pas efcrire
au Pape
pour le re-
mercier,
mais plu-
ftoft pour
luy faire fa-
tisfaction.*

*Is fuit e-
gregius la-
borum ve-
ftrorum fru-
ctus.*

deuoient pluſtoſt rendre compte de leur nouuelle reſolution, &
taſcher de ſe juſtifier, de ce qu'ils s'oppoſent à la joye & à la
ſatisfaction qu'il aſſeure auoir receuë, auſſi bien que le Roy,
de la conduite de Monſieur l'Eueſque de Comenge, en ruinant le fruit qui a donné cette joye à ſa Sainteté, & luy oſtant
l'eſperance d'en joüir jamais, par l'attachement qu'ils teſmoignent au Formulaire.

IX.

Que le
Formulai-
re bleſſe la
Foy en la
rendant
nouuelle.

Ce Formulaire ne ruïne pas ſeulement la paix & l'vnité de
l'Egliſe, mais auſſi ſa Foy, en obligeant de confeſſer ce que
l'Egliſe n'a jamais confeſſé, & par conſequent de croire ce
qu'elle n'a jamais creu, & ce qu'elle a meſme ignoré juſqu'à
preſent, ſçauoir le fait du liure de Ianſenius, qui n'a paru que
de noſtre temps. Il introduit donc vne confeſſion de Foy nouuelle & inconnuë à nos Peres, & par conſequent fauſſe & pro-
fane, la nouueauté eſtant incompatible auec la Foy Catholique, qui doit eſtre ancienne & commune à tous les fidelles,
& à tous les ſiecles. Ce qui eſt dautant plus clair que ce Formulaire fait dependre le tiltre de Catholique de la confeſſion
de ce fait, teſmoignant qu'il le faut croire pour eſtre Catholique. C'eſt pourquoy on dit dans la lettre au Pape, que la
declaration qui a eſté preſentée au Roy par Monſieur l'Eueſque de Comenge *n'eſt point Catholique*, quoy qu'on n'y trouue

*Iſtud ſcri-
ptum nulla-
tenus Ca-
tholicum.*

rien à redire que la confeſſion du fait de Ianſenius. Or il eſt
certain que le tiltre de Catholique ne depend pas des choſes qui ne ſont point de Foy, & qu'on peut eſtre Catholique
ſans les croire. Il eſt donc manifeſte que le Formulaire, &
ceux qui le defendent, pretendant qu'il faut croire & confeſſer le fait de Ianſenius pour eſtre Catholique, & qu'on ne
le peut eſtre ſans cela, ils teſmoignent que ce fait eſt de Foy,
quoy qu'il ſoit ſi nouueau, & conneu depuis ſi peu de temps.
D'où il s'enſuit que ce Formulaire au lieu d'eſtre vne confeſſion *& vne formule de Foy*, corrompt & altere la Foy, par
l'addition d'vn article nouueau, qui ruine tous les autres, en
deſtruiſant l'vne des principales conditions & des fondemens
plus aſſeurez de la vraye Foy, qui eſt l'antiquité & la ſuc-
ceſſion continuelle depuis les Apoſtres; & ainſi au lieu de rendre les hommes fidelles & Catholiques, il les rend nouateurs

&

& sectateurs d'vne foy nouuelle, opposée à la foy ancienne &
solide de l'Eglise.

X.

Saint Paul parlant des veritez de la Foy, dit qu'elles doiüent
estre creuës du cœur, & confessées de la bouche, selon cette parole, *on croit du cœur pour auoir la iustice, & on confesse de la bouche
pour auoir le salut.* Ce qui n'appartient pas mesme à tous les articles de Foy, y en ayant plusieurs qu'on n'est pas obligé de sçauoir, Or ce Formulaire veut qu'on croye de cœur & de bouche
le fait de Iansenius, comme si sans cette creance & sans cette
confession, on ne pouuoit auoir ny la iustice, ny le salut. Car il
ne reconnoist pour fidelles, & dignes de la Communion des fidelles que ceux qui confessent ce fait. Il égale donc ce fait aux
principales veritez de la Foy, en luy attribuant ce que l'Escriture ne dit que de la Foy & de ses principaux mystereres, puisqu'il
met la iustice & le salut des hommes dans la confession de ce
fait, declarant que ceux qui ne le confessent point de cœur & de
bouche, sont iniustes, & meritent d'estre retranchez de la socie-
té des fidelles, hors laquelle il n'y a point de salut, comme s'ils
nioient les plus asseurées veritez de l'Euangile.

Que le Formulaire blesse la Foy en donuant le plus grãd de ses priuileges à ce qui n'est point de Foy. Rom. 10.

XI.

C'est vn article de Foy fondé sur le consentement de toute
l'Eglise, que ceux qui croyent tout ce qui est dans l'Escriture
sainte & dans la Tradition des Apostres & de l'Eglise vniuerselle, ont la Foy Catholique, & doiuent estre tenus pour vrais fidelles. Il faut donc auoüer que ce Formulaire est contraire à la
Foy de l'Eglise, puisqu'il ne reconnoist point pour fidelles ceux
qui croyent tout ce qui est dans l'Escriture & dans la Tradition,
s'ils ne confessent outre cela vn fait qui n'est ny dans l'Escriture, ny dans la Tradition des Peres & des Conciles. Et partant
il ruine la deffinition ancienne du vray fidelle & Catholique,
qui a passé iusques à present pour asseurée & indubirable, & il
en suppose vne nouuelle, selon laquelle pour pouuoir estre Catholique, il faut croire plus que l'Escriture & la Tradition n'en-
seignent, & tenir pour Heretiques ceux qui embrassent toute
al Foy & toute la doctrine de l'Escriture & des Conciles, & qui

Que le Formulaire blesse la Foy de l'Eglise, en establissant vne regle contraire à la sienne pour connoistre les Catholiques.

par consequent sont vrais Catholiques & fidelles par le consentemenr de l'Eglise vniuerselle. Il n'est pas moins contre la Foy Catholique de tenir les Catholiques pour Heretiques, que de tenir les Heretiques pour Catholiques, en inuentant de fausses regles pour les connoistre, & abandonnant les anciennes & veritables.

XII.

Ce Formulaire ne destruit pas seulement la regle de Foy de l'Eglise viuerselle, mais aussi particulierement celle de l'Eglise Romaine. Le Pape Pie IV. a publié vne Confession de Foy pour discerner les vrais Catholiques d'auec les Heretiques, qui ne peut subsister auec celle de ce Formulaire. Car ce Pape se contente qu'on confesse ce qui a esté enseigné par tous les Conciles œcumeniques, pour témoigner qu'on est Catholique & orthodoxe. Mais cela ne suffit pas aux auteurs du Formulaire, & ils croyent que cette regle est defectueuse, & qu'on peut estre Heretique en auoüant tout cela, si on ne confesse encor de cœur & de bouche le fait du Liure de Iansenius. D'où il s'ensuit que ceux qui sont Catholiques, selon la Confeossin de Foy du Pape Pie IV. ne le sont pas selon celle du Formulaire: & par consequent le Siege Apostolique & le Formulaire ne s'accordent pas en matiere de Foy & de Religion Catholique, & il faut necessairement que l'vn des deux soit dans l'erreur & dans l'Heresie, & que le *Soleil du Vatican* ait manqué encor icy de *mesler la plenitude de son iour auec les lumieres de la conduite* de l'Assemblée extraordinaire.

XIII.

Si la vérité de la Foy manque au Formulaire, comme il paroist assez par ces raisons, & par plusieurs autres qu'on pourroit produire; il ne manque pas moins d'autorité legitime, ayant esté fait par vne Assemblée du Clergé; qui n'en auoit aucune d'elle-mesme, n'agissant que par commission & par deputation du Clergé; lequel ne luy a iamais donné le pouuoir de former & de publier de noubelles Confessions de Foy: ce qui est trop important & trop extraordinaire, pour estre compris dans des procurations, s'il n'y est exprimé formellement & distinctement. C'est donc

vne entreprise qui passe le pouuoir de cette assemblée, & d'autant plus qu'elle s'est attribuée le droit de soumettre les Euesques mesmes à cette nouuelle confession de Foy, les priant
en paroles de la receuoir, & le leur commandant en effet sur
de grandes peines, qui vont jusqu'à l'excommunication & à
la degradation ; puis qu'elle veut qu'on les traitte en Heretiques, aussi bien que les autres, s'ils ne luy obeïssent. Il est
certain que les Euesques ny les autres Ecclesiastiques n'ont
point donné cette puissance à leurs deputez, & qu'ils n'ont
jamais pretendu les rendre Iuges & Arbitres de leurs Foy &
de leur Caractere. Ce qui montre visiblement que le Formulaire à esté fait sans authorité, & que c'est vn renuersement
de l'ordre du Clergé & de toute l'Eglise, & vn mépris de
tous les Euesques, & du Siege Apostolique. Que si vne assemblée generale n'a pas eu le pouuoir destablir ce Formulaire,
& d'imposer ce joug aux consciences ; vne assemblée de quinze Euesques le peut beaucoup moins restablir, contre la volonté expresse de tant de Prelats & d'Ecclesiastiques : & le
Pape & les Euesques auront encor plus de sujet de s'offenser
de cette derniere vsurpation, que des precedentes.

<h2 style="text-align:center">XIV.</h2>

Il y a encor vne offense particuliere du Siege Apostolique,
en ce que ses Priuileges veritables sont mesprisez. Car plusieurs Euesques de France des plus celebres ayant improuué
le Formulaire, & ne s'estant pû resoudre à le receuoir pour
de grandes raisons ; dont quelques vns ont donné connoissance au Pape ; par les lettres qu'ils luy ont escrittes ; il est certain que selon la discipline de l'Eglise, le jugement de ce
different appartient au saint Siege, par le tesmoignage de
toute l'Antiquité, qui nous apprend que lors qu'il y a diuer-
sité de sentimens entre les Euesques touchant la Foy, ou les
matieres importantes, ils doiuent estre jugez par l'Euesque
de Rome. Ce n'estoit donc à vne assemblée de peu d'Euesques, de resoudre les doutes & les difficultez de leurs confreres, & de condamner en souuerains les Euesques qui ne
sont pas de leur opinion : & il est manifeste qu'ils ne
l'ont pû entreprendre, sans les blesser notablement auec
le saint Siege, & qu'ainsi ils ont adjousté au Formu-

Que le
renouuelle-
ment du
Formulai-
re blesse
particulie-
rement l'au-
thorité du
Pape.

Concil sur-
di c. 3. S.
Leo Ep. 89.
ad Epis.
vieni &c.

C ij

laire vn excez nouueau , qui ne fait que le rendre plus insouftenable.

XV.

Qu'il bleſſe l'au-thorité des Conciles Oecumeni-ques qui n'ốt jamais commandé à tout le monde de ſigner leurs deciſionsde Foy.

Ils s'eſleuent auſſi pardeſſus les Conciles , & pardeſſus tou-te l'Egliſe , dans laquelle on n'a jamais obligé tous les fidel-les , ny meſme tous les Eccleſiaſtiques , à des ſignatures ge-nerales des decſions de Foy , quoy qu'elles fuſſent des Con-ciles œcumñicques. Il ne s'eſt vêu rien de ſemblable depuis le commencement de l'Egliſe juſqu'a preſent , & il eſt entie-rement inoüy qu'on ait generalement commandé à tous les Eccleſiaſtiques , où à tous ceux d'vne ſeule Egliſe particulie-re , de ſigner les decrets de Foy du Concile de Nicée , d'E-pheſe , de Chalcedoine , où des autres ſemblables. Il s'enſuit de la que quand la Confeſſion du Formulaire n'auroit pas tous les deffauts qu'elle a , & quand elle ſeroit la plus vraye la plus juſte , & la plus aſſeurée qui ait jamais eſté , il ne ſe-roit pas permis d'en ordonner la ſouſcription , ie ne dis pas à des Layques , comme les Regens & les Maiſtres d'Eſcoles , aux Femmes , aux Religieuſes , & aux Filles les plus ignoran-tes , mais non pas meſmes a tous les Eccleſiaſtiques d'vn Dioceſe , & beaucoup moins à tous ceux d'vn grand Royau-me , ſans mettre ce Formulaire par deſſus toutes les definitions de Foy qu'on ait veuë juſqu'a preſent dans l'Egliſe , & par deſſus tous les Conciles œcumeniques. De ſorte que le ſeul commandement de ſigner ſeroit irregulier , & contraire à l'Eſprit de l'Egliſe , quand il ſe raporteroit à vn acte plus juſte & plus reſonnable que le Formulaire , & à vne defini-tion de Foy la plus vraye & la plus irreprochable.

XVI.

Que l'E-gliſe Ro-maine n'a jamais o-bligé tous les Catho-liques de ſigner les deciſions de Foy des Papes.

Comme les Papes ſe ſont attachez plus que tous les autres aux regles & aux maximes de l'Egliſe , faiſant gloire d'en eſtre les Protecteurs , autant par leur exemple , que par leur au-thorité ; ils l'ont auſſi teſmoigné clairement en ce point , n'ayant jamais commandé à tout le monde de ſigner leurs Conſtitutions de Foy , & beaucoup moins aux Eueſques , aux quels ils les ont ennoyez auec beaucoup de charité & de bon-té ,

té, leur laiſſant la liberté de les conſiderer, & d'en vſer comme
ils jugeroient à propos pour l'vtilité de leurs Egliſes; bien loin
de leur commander de les ſigner auſſi-toſt, & de les faire ſigner à tout le monde, où d'en former des confeſſions de Foy,
aux quelles il falût ſe ſoumettre pour eſtre Catholique. C'eſt
la conduite que tous les Papes ont tenuë, & c'eſt l'eſprit &
la tradition perpetuelle de l'Egliſe Romaine, dans laquelle ces
nouuelles confeſſions de Foy & ces ordonnances de ſignatures
ſont entierement inconnuës, auſſi-bien que dans toutes les
autres Egliſes particulieres; & il eſt impoſſible d'en produire
vne ſeule, depuis le commencement de cette Egliſe, dans la
ſuitte de tant de Papes. C'eſt pour cette raiſon que le Pape
Alexandre VII. ſuiuant la couſtume & l'eſprit de ſes predeceſſeurs, & ſe tenant dans l'ordre qu'ils luy ont laiſſé, n'a eu
garde d'obliger perſonne de ſigner ſa Conſtitution, où celle
d'Innocent X. ny de dire rien dans ces Brefs, qui pût eſtre
pris à l'auantage du Formulaire, de peur de donner lieu de
penſer qu'il voulut approuuer dans les autres vne nouueauté
où vne injuſtice, qu'il ne croyoit pas deuoir faire par luy-
meſme.

XVII.

Si les Papes & toute l'Egliſe ont eu tant de retenuë & de
moderation pour les deciſions de Foy, ils en ont eu beaucoup
dauantage pour celles des faits, n'ayant jamais eû la moindre
penſée d'en demander la ſoufcription ou la confeſſion à qui
que ce fût. Auſſi il ne s'en trouue aucun exemple, & il
paroiſt au contraire qu'ils n'ont voulu contraindre perſonne
de ſigner où de croire ces ſortes de deciſions, quoy quelles
fuſſent confirmées par des Conciles œcumeniques, comme
il eſt manifeſte par la ſeule queſtion celebre des trois Chapitres; Car apres qu'ils eurent eſté condamnez dans le ſecond Concile de Conſtantinople, qu'on a nommé cinquieſ-
me œcumenique, pluſieurs Eueſques & autres perſonnes ne
laiſſant pas de les ſouſtenir; Saint Gregoire le grand non
ſeulement ne les a jamais preſſez de les condamner, en ſignant
ce Concile, mais il a declaré expreſſément qu'il n'en vouloit
pas parler luy meſme, pour ne pas bleſſer ceux qui les def-
fendoient. Tout ce qu'il leur a demandé, c'eſt qu'ils ne con-

D

damnaffent point ceux qui n'eftoienr pas de leur auis, en fe retirant de leur communion, & que ceux qui s'en eftoient feparez rentraffent dens l'vnité du corps de Iefus Chrift, qui ne deuoit pas eftre déchiré pour des chofes de fi peu d'importance, ne s'agiffant que de queftions de faits & de perfonnes, lefquelles le Pape Pelage II. fon Predeceffeur appelle

Pelag. 2. Epif. 5. ad EliamEpifc. fouuent *queftions fuperfluës.* Et ainfi tant s'en faut que les Papes ayent ordonné de figner, ou de croire les faits qui ont efté decidez par l'Eglife, & d'vfer de cenfures contre ceux qui ne les croyent pas, qu'au contraire ils l'ont expreffement deffendu, blâmant ceux qui diuifoient l'Eglife & troubloient fa paix pour de tels fujets, comme faifoient les defenfeurs des trois Chapitres, qui pour cette raifon ont efté declarez Schifmatiques.

XVIII.

Quel'Eglife Romaine eft pl⁹ obligée que nulle autre de n'approuuer point la nouueauté du Formulaire, ny d'aucun autre acte qui face dependre la Foy Catholique de la fignature d'vn fait. On ne peut donc point douter que le Formulaire ne foit fondé fur vne doctrine, & fur vne regle oppofée à celle du Saint Siege & de l'Eglife vniuerfelle, & qu'il ne produife vne nouueauté inouye jufqu'à prefent dans l'Eglife de Dieu, en contraignant tous les Ecclefiaftiques de France, les femmes & les filles, & les perfonnes les plus ignorantes, de confeffer publiquement & de figner, ie ne dis pas vne verité Ecclefiaftique & vn Dogme, mais vn fait de nulle importance, comme fi s'eftoit vne verité, dont la creance & la confeffion fut neceffaire pour eftre Chreftien, & pour eftre fauué. Car c'eft proprement du fait de Ianfenius qu'il s'agit dans le Formulaire, qui n'a efté inuenté que pour le faire confeffer à tout le monde, parce que tous n'en conuiennent pas; & non de la condamnation des cinq propofitions, parce qu'on en eft d'accord. Cette nouueauté eftant fans exemple, & d'vne dangereufe confequence, puis qu'elle renuerfe la difcipline & l'efprit de l'Eglife vniuerfelle, auffi-bien que de celle de France, où il ne s'eft jamais rien veu de femblable, elle doit defplaire au fiege Apoftolique plus qu'a aucun autre, comme à celuy qui

Quid eft aliud reijcere mandatum Dei, quàm priuato judicio Prefide au gouuernement de toute l'Eglife. Car la maxime ancienne & principale de ce gouuernement, eft de ne faire rien de nouueau & de ne fuiure point des auis particuliers, & des penfées humaines, felon la parole d'vn des plus celebres Suc-

cesseurs de Saint Pierre, qui dit que *mespriser les commande-*
ments de Dieu, n'est autre chose que se donner la liberté de faire
de nouuelles ordonnances par son propre sens & par vn Conseil &
vne prudance humaine, en s'esloignant de l'ordre de Dieu &
des loix de l'Eglise, qui ont esté faites par l'esprit de Dieu,
comme disent les Peres.

& humano
Concilio no-
stis rebus
constituen-
dis liberius
delectari.

Siricih. E-
pist 3. ad
vniuers.
orthod.

XIX.

De quelque voile qu'on se veuille couurir, & quelque pretexte qu'on puisse prendre pour excuser la nouuelle publica-
tion du Formulaire, on ne sçauroit empescher de voir l'injustice & l'abus manifeste qu'il y a à traitter d'heretiques, ceux
qui condamnent sincerement les cinq propositions, sans les
vouloir soustenir en aucun sens ; & il faut necessairement qu'on
reconnoissent qu'ils sont Catholiques & Orthodoxes, si on ne
pretent qu'ils sont Heretiques, en ce qu'ils ne confessent pas
le fait de Iansenius. Car ils accordent tout ce qu'on peut
desirer d'eux, hormis ce fait, Il faut donc que s'ils sont heretiques, ils le soient pour ce fait, & par consequent que nier simplement ce fait, soit Heresie. Ce qui ne peut estre soustenu
qu'en aoüant la These Heretique du College de Clermont,
& en reconnoissant que les Iesuites ont eu raison de prouuer
par le Formulaire, que les faits decidez par le Pape sont article de Foy, & qu'il est infaillible dans ces faits, comme ayant
la mesme infallibilité de Iesus-Christ, de sorte que les Parti-
sans du Formulaire & de tout autre acte semblable, auront
plus de peine à justifier leur Foy, que ceux qui ne le veulent
point reconnoistre.

Que le
Formulai-
re côfirme
la these &
la doctrine
heretique
des Iesuites
touchant
l'infaillibi-
lité du Pa-
pe.

XX.

Il est vray qu'ils refusent de condamner les cinq propositions dans le sens de Iansenius. Mais on ne peut pas dire qu'ils
le font pour se reseruer la liberté de les soustenir en quelque
sens, parce qu'ils ont declaré plusieurs fois qu'ils ne les veü-
lent soustenir en aucun sens, quel qu'il soit, & quils condamnent tous les mauuais sens quelles peuuent auoir, sans excepter celuy qu'on voudroit attribuer à Iansenius, pourueu qu'on
l'explique & qu'on le fasse entendre. Car si outre tous les

Que c'est
vne grande
injustice de
traitter
d'hereti-
ques ceux
qui condâ-
nent les
cinq propo-
sitions, s'ils
ne les con-
damnent
dans le sens
de Iasenius.

D ij

fens propres & naturels de ces propofitions, il y en a encor
quelqu'vn qu'on pretende auoir efté condamné par les Papes
on n'a qu'à le propofer clairement, & il ny aura perfonne qui
ne le defauoüe, auſſi bien que tous les autres. Mais il eſt
impoſſible de deuiner quel eſt ce fens, dont on ne parle qu'en
general, ſi ceux qui en parlent ne le découurent & ne le marquent en particulier, & on ne peut pas dire que ceux qui confeſſent qu'ils ne ſçauent quel il eſt, ne font pas Catholiques,
mais feulement qu'ils ne font pas deuins, où pluſtoſt qu'ils
ne font pas injuſtes & temeraires, comme ils feroient indu-
bitablement, s'ils condamnoient ce qu'ils ne connoiſſent pas.
On ne peut donc pas leur demander vne chofe ſi injuſte &
ſi deraifonnable; & il doit fuffir à toutes les perfonnes equi-
tables, qu'ils defauoüent tres-fincerement tous les mauuais fens
qu'ils peuuent voir dans les termes de ces propofitious, & que
s'il y en a quelqu'vn qu'ils n'apperçoiuent pas, ils font prets de
le defauoüer, lors que le Pape le leur marquera, comme ils
l'ont declaré dans la foumiſſion quils luy ont renduë. Que
ſi apres cela, on les preſſe encor de condamner ces propofitions au fens de Ianfenius, il eſt manifefte qu'on ne leur de-
mandera pas qu'ils condamnent aucun mauuais fens en particulier, puis qu'ils les condamnent tous fans exception ; mais
qu'on voudra qu'ils condamnent vn fens inconnu, ce qui n'eſt
jamais permis, & qu'ils confeſſent que Ianfenius eſt autheur
d'vne herefie inconnuë, fur peine d'eſtre traittez d'heretiques:
ce qui combat tellement la lumiere de la Foy & de la raifon,
que ceux qui oferont condamner quelqu'vn de ce qu'il ne
voudra pas fe foumettre à vne injuſtice ſi eſtrange, feront pluſtoſt jugez de tout le monde coupables d'herefie & d'inhuma-
nité, que ceux qui fouffriront vne condamnation ſi injuſte &
ſi violente.

XXI.

Il ny a point d'exemple que les particuliers, qui ont condamné purement & ſimplement des propofitions condamnées
par l'Eglife ayent eſté obligez de les condamner encor au
fens de quelque Autheur, principalement s'ils ne demeuroient
pas d'accord qu'il les euſt tenuës. L'Eglife s'eſt toûjours con-
tentée & fe contente encor, qu'on renonce veritablement aux

erreurs attribuées à Origene, sans contraindre personne de les condamner au sens d'Origene. Elle se contente qu'on condamne l'heresie de ceux qui reïterent le Baptesme, sans obliger de declarer si on la condamne au sens de Tertullien, ou de saint Cyprien, ou des Donatistes. Elle se contente qu'on condamne l'heresie des Millenaires, sans exiger qu'on la condamne au sens de saint Irenée, ou de saint Iustin Martyr, ou des autres qui ont esté fort differEts sur cette matiere. Elle se contente qu'on condamne les erreurs des Semipelagiens, condamnées par le second Concile d'Orange, sans s'enquerir si on les condamne au sens de Cassien, ou de Fauste, ou des autres Semipelagiens, qui n'ont pû s'accorder entr'eux, non plus qu'auec l'Eglise. Elle se contente qu'on condamne les heresies condamnées par le Concile de Trente, selon la confession de Foy du Pape Pie IV. sans vouloir sçauoir si on les condamne au sens de Zuingle, ou de Caluin, ou de Luther, ou de Melanchton, ou de Bese, qui ont des opinions si differentes & si opposées, dans les choses mesmes dont il semble qu'ils conuiennent. De sorte que quand il seroit asseuré que Iansenius auroit tenu les cinq propositions, & que ceux qui le nient se trompent, on ne pouroit pas les contraindre, apres auoir condamné absolument la doctrine de ces propositions condamnées par les Papes, de les condamner encor au sens de Iansenius, qu'en les traittant auec vne rigueur inusitée dans l'Eglise, tres éloignée de l'équité & de la charité ordinaire de sa conduite, & auec vne animosité qui tesmoigneroit plus de zele contre les personnes que contre les erreurs ; au lieu que l'Eglise n'en à jamais que contre les erreurs, & non contre les personnes, *aymant les ames*, comme Dieu les ayme, selon le Prophete.

Iansenius & ceux qui condamnēt absolumēt les cinq propositiōs

Sap. II. 27.

XXII.

Les Theologiens qui ont enuoyé au Pape par Monsieur l'Euesque de Comenge la declaration de leurs sentimens, & leur soumission touchant les cinq propositions condamnées, & les deux Constitutions, n'y ont point parlé de Iansenius ; & neantmoins le Pape a approuué par son dernier Bref leur doctrine & leur soumission. Car il declare que leurs sentimens sont bons, que leur doctrine est saine, & qu'ils ont rendu aux Constitutions Apostoliques la soumission qu'ils leurs

Que le Pape a receu les articles & la soumission des disciples de S. Augustin quoy qu'il n'y ait rien de Iansenius.

Multi ÿ-que catero-rum nomine primarÿ ad

E

doiuent : *Recta sapiunt præfatæ Constitutionibus se se ultro suf-*
ficientes ; qu'ils ne sont pas de ceux qui resistent à ces Constitutions, & qui les eludent par des interpretations vaines ;
& enfin que la doctrine & la soumission qu'ils luy ont tesmoigné, est *vn excellent fruit des trauaux* des Prelats, qui se
sont joints à Monsieur l'Euesque de Comenge, pour procurer la paix à l'Eglise : & que ce fruit luy à donné tant de
joye, que son cœur en a esté remply : *Gaudio animum no-*
strum perfudit : Il fait donc voir qu'il est satisfait de ces Theologiens, & qu'il n'a plus rien à desirer d'eux, ayant receu leur
doctrine & leur soumission comme le fruit qu'il desiroit, & comme l'objet de la joye & du contentement qui a remply son
cœur ; & qu'il ne souhaitte plus, sinon que tous les autres les
imitent pour acheuer vn œuure si excelent, *afin que tous mar-*
chent dans la voye de Dieu, estant vnis par vne mesme Foy & par
vne mesme charité, selon les termes du Bref.

<h1 style="text-align:center">XXIII.</h1>

Il paroist par la que ceux qui condamneront les cinq propositions comme ces Theologiens les ont condamnées ; con-
tenteront le Pape & accompliront sa joye, & qu'il receura leur
soumission comme le fruit excelent d'vne doctrine saine &
Orthodoxe, sans permettre qu'on les soupçonne d'heresie, &
qu'on leur rauisse le nom de Catholiques. Car quoy que sa
Sainteté ait declaré que les cinq propositions ont esté tirées
du Liure de Iansenius, & qu'elles doiuent estre condamnées
en son sens parce qu'elle presuppose qu'elles y sont, sur le
rapport qu'on luy en a fait, & que quelques-vns les soustiennent en vn sens qui est celuy de cét Autheur ; on ne peut
pas neantmoins pretendre, sans perdre le respect qu'on luy
doit, qu'elle ait jamais voulu, ny qu'elle puisse vouloir condamner d'heresie ceux qui protestent de ne soustenir iamais
ces propositions en aucun sens, & qui se soumettent à condamner tous les mauuais sens qui leur seront marquez en particulier, s'il y en a quelqu'vn qu'ils n'apperçoiuent pas. Il est certain
dis-je, que le Pape n'a condamné, ny ne condamnera jamais
d'heresie, ceux qui sont dans ce sentiment & dans cette soumission, & ne dira jamais qu'ils doiuent estre punis comme heretiques, sous pretexte qu'ils n'auoüent pas que les sens & les
erreurs qu'ils detestent soient dans le Liure de Iansenius. Et

on ne craint point de dire que comme les Iefuites n'ont pû
obtenir du Pape iufqu'a prefent vne declaration claire & pre-
cife fur ce point, ils ne l'obtiendront pas à l'aduenir, quelque
credit qu'ils puiffent auoir aupres de fa Sainteté, & quelques
refforts qu'ils faffent joüer pour tirer de luy quelque parole
qui femble fauorifer vne pretention auffi injufte & auffi deraifonnable que celle-la. Car c'eft vne herefie manifefte de
penfer qu'vne erreur, quand elle feroit tres affeurée, n'eftant
que fur vn fait, puiffe eftre vraye herefie, & priuer vn homme
de la Foy Catholique. Vne opinion fi fauffe & fi abfurde,
n'eft bonne que pour les Iefuites, qui s'en feruent aujourd'huy
pour troubler l'Eglife, excitant vne nouuelle perfecution par
vne nouuelle herefie, pour le feul intereft & l'ambition de
leur compagnie. Mais elle eft indigne du fiege Apoftolique,
& elle eft euidemment contraire à la Conftitution d'Alexandre VII. qui ne condamne & ne foumet aux peines des heretiques, que ceux *qui tiennent ou enfeignent la Doctrine* des cinq
propofitions, & non ceux qui ne l'enfeignent & ne la fouftien-
nent point, & qui au contraire la renoncent & la deteftent
de tout leur cœur, difant feulement que leur confcience ne
leur permet pas de l'imputer au Liure de Ianfenius, où
ils ne l'ont pû trouuer, quoy qu'ils l'y ayent cherchée, auec
vn grand foin, Le Pape n'a donc jamais eu deffein de condamner d'herefie ces perfonnes, ny dans fa Conftitution, ny
dans fon dernier Bref, qui n'en eft que la confirmation & le
renouuellement, & il fe contente dans l'vne & dans l'autre,
qu'on condamne les cinq propofitions dans tous les mauuais
fens quelles peuuent reccuoir, fans excepter celuy qu'elle attribuë à Ianfenius, ny aucun autre, quel qu'il foit Mais il
ne commande point, fur peine d'herefie, de croire que Ianfenius eft autheur de ces erreurs, & de punir comme heretiques ceux qui ne le croyent pas. Les Iefuites qui pretendent
le contraire, font voir par la qu'ils regardent tous leurs deffeins & la vaine reputation de leur compagnie, que l'honneur
du Pape & des Euefques, fous le nom defquels ils veulent
mettre à couuert vne herefie fi euidente.

Mandātes
omnibus
Chrifti fide-
libus ne pre-
dictam do-
ctrinam te-
neāt doceāt,
predicent.
&c.

XXIV.

Il femble donc qu'on ait eu deffein de combatre le Pape

Qu'on n'a
pû côdam-

& son dernier Bref, aussi bien que les Constitutions, en condamnant la declaration presentée au Roy par Monsieur l'Euesque de Comenge, & signée les sieurs de la Lane & Girard;
& d'autant plus qu'on la condamne comme contraire aux Constitutions, & *cachante l'heresie* qu'on nomme *Iansenienne*. Car
comment peut-on dire que ceux de qui le Pape reconnoist
la doctrine saine & orthodoxe par son dernier Bref, cachent
quelque heresie, sans attribuer cette heresie au Pape ? Il est
donc manifeste par les propres termes de cette declaration,
quelle ne parle que de la doctrine qui a esté veuë par sa Sainteté dans les articles qui luy ont esté representées, se rappor-
tant entierement à ces articles, & se tenant à la doctrine qu'ils proposent. Il faut donc que la doctrine de
cette declaration ne tienne rien de l'heresie, ou que le Pape
ait pris dans son Bref vne heresie pour *saine doctrine* : ou bien
que la nouuelle Censure prenne vne saine doctrine pour heresie. Et cependant ceux qui jugent de la sorte pretendent
ne trauailler qu'à l'execution du Bref qu'ils condamnent si
ouuertement. Mais ils ne blessent pas moins les Constitutions, qui ne sont point differentes du Bref, lequel ne tend
qu'à les establir & à les faire obseruer Car les Constitutions
ne condamnent d'heresie que ceux qui soustiennent la mauuaise *doctrine* des cinq propositions, & non ceux qui ne la
soustenant pas, croyent seulement qu'elle n'est point de Iansenius. Et les nouueaux Censeurs condamnent d'heresie ceux
qui n'auoüent pas que cette doctrine est de Iansenius, quoy
qu'ils la condamnent absolument & sans reserue. Ils declarent donc heretiques ceux qui ne le sont pas, selon les Constitutions ; & ainsi ils contredisent les Constitutions, & ils
les ruinent. Car s'ils confessent qu'elles ne declarent point
heretiques ceux qui le sont selon eux, ils les combatent ouuertement, & ils les rendent injustes & suspectes d'heresie :
& s'ils pretendent qu'elles les declarent, comme eux, heretiques, parce qu'ils ne reconnoissent pas le fait de Iansenius,
ils les engagent dans l'heresie des Iesuites, qui met la Foy &
l'heresie dans les choses qui ne sont que d'authorité humaine,
& les faits que Dieu n'a point reuelez à l'Eglise, entre les articles
de Foy, pourueu que le Pape les ait approuuez. Ce qui n'a iamais esté dit dans l'Eglise jusqu'a present, ny par les particuliers

n'y

ny par les Papes, & ne fera iamais auoüé par Alexandre VII.

XXV.

Il eſt auſſi difficile de comprendre que cette declaration *ſoit conceuë en termes captieux & pleins d'artifice*, puis qu'elle s'explique ſi nettement, tant ſur la doctrine, que ſur le fait. Car pour la doctrine, elle dit qu'on *condamne ſincerement les cinq propoſitions, ſans les vouloir jamais ſouſtenir, ſoûs pretexte de quelque ſens & de quelque interpretation, que ce ſoit*, excluant euidemment toutes ſortes de mauuais ſens & de mauuaiſe doctrine, qu'on pourroit entendre par le ſens de Ianſenius, & par l'hereſie pretenduë Ianſenienne. Et pour le fait, elle declare qu'on veut rendre â ce que le Pape en a jugé, *tout le reſpect, toute la deferance, & toute la ſoumiſſion que l'Egliſe exige des fidelles en pareilles occaſions, & en des matieres de cette nature;* c'eſt a dire ſelon l'intelligence de tous les Theologiens, qu'on veut regarder ces Conſtitutions auec humilité, dans la paix & dans le ſilence: qui eſt tout ce que les Catholiques demeurent d'accord qu'on doit aux deciſions de fait des Conciles meſmes œcumeniques: & c'eſt ce qui eſt clairement exprimé par les paroles ſuiuantes, *qu'on reconnoiſt, qu'il n'appartient pas à des particuliérs, de s'eſleuer contre les deciſions du ſaint Siege, de les combatre, & d'y reſiſter.* Cela eſtant ſi conforme aux ſentimens & au langage de tous les Theologiens, & de toute l'Eſcole ancienne, & nouuelle, il faut auoir vn diſcernement fort extraordinaire, pour trouuer *des termes captieux & pleins d'artifice* dans vne expreſſion ſi commune & ſi naïue; & il ne ſemble pas qu'on puiſſe dire qu'elle cache aucune hereſie, ſi on ne veut conter pour hereſie la maxime generalle & indubitable de tous les Catholiques, qu'il n'y a nulle obligation de croire dans le cœur les faits definis par l'Egliſe, & qu'on en peut douter, ſans manquer au reſpect & à la ſoumiſſion qui luy eſt deuë, pourueu qu'on ne luy reſiſte pas, & qu'on ne trouble point ſa paix.

XXVI.

On ſe plaint dans la lettre au Pape que la declaration de ces Theologiens deſtruit *l'vniformité du Formulaire;* qui eſt

truifent l'v·
niformité
des Confti-
tutions &
de toute la
cōduite des
Papes.

vn terme aſſez obſcur dont ſa Sainteté ne ſera pas peut-eſtre trop ſatisfaite, pour cette raiſon & pour d'autres ; & elle au-ra pluſtoſt ſujet de ſe plaindre que cette petite aſſemblée ait voulu deſtruire l'vniformité de ſes Conſtitutions, de ſes Brefs, de ſa conduite, & de celle de ſes predeceſſeurs, qui n'ont ja-mais commandé à tout le monde de ſigner leurs Conſtitu-tions, ny de tenir pour heretiques ceux qui ne croiroient pas les faits qu'elles auroient decidez, quoy qu'ils renonçaſſent à toutes les hereſies condamnées par le ſaint Siege. Car ce-la eſtant contraire aux ſentimens & à la pratique de tous les Papes, & particulierement à celle d'Innocent X. & d'Ale-xandre VII. qui n'ont pas ordonné par leurs Conſtitutions & par leurs Brefs aucune ſignature, ny dans Rome, ny aillieurs & n'ont oſté du nombre des Catholiques, ny ſoûmis aux pei-nes des Heretiques, que ceux qui ſouſtiennent en quelque ſens la Doctrine des cinq propoſitions, & non d'autres ; il eſt clair que ceux qui tâchent de porter ſa Sainteté à vne cho-ſe ſi nouuelle, ſi extraordinaire, & ſi peu conforme aux re-gles & à l'vſage de ſes predeceſſeurs, & à ce quelle à dit & fait elle meſme juſqu'a preſent, veulent rompre l'vniformité de toute ſa conduite, & de celle de tous les autres Papes, pour conſeruer ie ne ſçay quelle vniformité à vn Formulaire qui leur eſt ſi oppoſé, & qui jetteroit la difformité & la diuiſion dans le ſiege Apoſtolique & dans l'Egliſe Romaine, auſſi-bien que dans celle de France, & dans toutes les autres, où les Conſtitutions des Papes n'ont jamais eſté obſeruées en cette maniere.

XXVII.

Que la
cenſure de
cette decla-
ration ſe
contredit &
ſe refute el-
le meſme.

*Es pericu-
loſiora quod
formula in
conuentibus
noſtris inſti-
tuta vnifor-
mitatē diſ-
ſoluant &
auertant.*

Il eſt conſiderable que dans la lettre au Pape, on témoigne que ce qu'il y a de plus mauuais & de plus dangereux dans la declaration qui à eſté preſentée au Roy, c'eſt qu'elle *deſtruit cette vniformité* pretenduë *du Formulaire* : & dans l'extrait du procez verbal de l'aſſemblée, il n'eſt point du tout parlé de cette vniformité ; mais la choſe principale dont la declaration y eſt blâmée, c'eſt d'eſtre *captieuſe & cachante ſous l'apparence d'vne obeiſſance en paroles, l'hereſie du Ianſeniſme.* Ces deux repro-ches ne s'accordent pas, & ils ſe renuerſent l'vn l'autre. Car ſi le plus grand mal de la delaration eſt de détruire l'v-

niformité du Formulaire, il ne peut eſtre vray qu'elle cache
aucune hereſie ; ſi ce n'eſt qu'on pretende qu'il y a plus de
mal à deſtruire l'vniformité du Formulaire, qu'à cacher & à
ſouſtenir vne hereſie. Auſſi on n'euſt pas manqué de faire men-
ſion de cette hereſie dans la lettre au Pape, ſi on l'euſt veuë,
lors qu'on l'eſcriuoit, au lieu de ſe donner inutilement la peine
de repreſenter à ſa Sainteté la deſtruction de l'vniformité du
Formulaire, comme ſi elle luy deuoit eſtre plus ſenſible que la
deſtruction de la Foy & l'introduction de l'hereſie. Cette meſme raiſon deſcouure la nullité de la ſeconde partie de la cenſure de cette declaration. Car apres l'auoir condamnée comme
cachante l'hereſie du Ianſeniſme, on adjouſte *qu'elle tend à la ruine
tant du dernier Bref, que des autres Conſtitutions du ſaint Siege, pluſtoſt qu'à l'execution d'icelles.* Ce qui ne peut eſtre vray, ſi, comme il eſt dit dans la lettre au Pape, ſon plus grand & plus dangereux vice eſt de deſtruire l'vniformité du Formulaire. Au-
tremét il s'enſuiuroit que l'vniformité du formulaire ſeroit plus
importante & plus conſiderable, que les Brefs & les Conſtitutions du ſaint Siege, & que le Pape auroit plus d'intereſt à la de-
fence de cette vniformité, qu'a celle de ſes Conſtitutions & de
ſes Brefs, de laquelle neantmoins on ne luy parle pas dans ſa lettre, mais ſeulement de celle du Formulaire, dont il ne ſe met pas
en peine. Il faut donc auoüer que la contrarieté des choſes qu'on
allegue contre l'innocence de cette declaration, la juſtifie entierement : & ceux qui l'ont jugée de la ſorte, en ſe plaignant
qu'elle ruine l'vniformité de leur Formulaire, ont ruiné eux
meſmes l'vniformité de leurs jugements & des actes de leur aſſemblée extraordinaire,

<h1 style="text-align:center">XXVIII.</h1>

Le changement du procez verbal de l'aſſemblée n'eſt pas
moins conſiderable. Car on en a veu deux tous differents.
Le premier auoit eſté communiqué à pluſieurs perſonnes par
les Eueſques meſmes de l'aſſemblée, peu apres qu'elle fut tenuë ; en ſorte qu'on ne peut point douter qu'il ne fut veritable ; & il en a eſté diſtribué quantité de copies dans Paris &
dans les Prouinces, qui n'ont point eſté deſauoüés. Et neantmoins on en a depuis imprimé vn autre, ſous le nom de la meſme aſſemblée, ſi changé dans les parolles, & dans les choſes,

Que le
changemét
du procez
verbal de
l'aſſemblée
ruine ſon
autorité, &
la rend me-
priſable.

F ij

qu'il peut paſſer pour vne retraction, ou pour vne reformation
du premier.   Et ce changement ne peu-eſtre attribué à l'aſſemblée du ſecond d'Octobre, comme ſi elle auoit corrigé
elle meſme ſa deliberation; Parce que pluſieurs de ceux qui y
auoient aſſiſté ſe retirerent auſſi-toſt de Paris; & s'il s'eſt fait
depuis quelqu'autre aſſemblée, il faut qu'elle ait eſté ſecrette
& particuliere, & ſa deliberation ne peut eſtre celle de l'aſſemblée du ſecond d'Octobre, comme porte l'imprimé qui à
eſté publié & enuoyé dans les Prouinces.   Cela ne ſeroit
pas ſi notable, ſi on n'auoit changé la premiere deliberation
qu'en des choſes de peu de conſequence: mais on à alteré la
cenſure de l'aſſemblée du ſecond d'Octobre contre la déclara-
ration preſentée au Roy par Monſieur l'Eueſque de Comenge, en la condamnant de ruiner les Conſtitutions & le Bref
du Pape; dequoy elle n'auoit pas eſté blâmée le ſecond d'O-
ctobre; mais ſeulement de *deſtruire finement l'vniformité du For-*
mulaire, parce qu'on auroit bien veu qu'il n'y auoit nulle apparence de dire qu'vne declaration qui rend tant d'honneur
& de ſoumiſſion au ſaint Siege, & à ſes Conſtitutions, & qui
ne contient que ce qui auoit des-ja eſté approuué par le Pape
& dont il paroiſt par ſon Bref qu'il a eſté ſatisfait, tendoit à
ruiner ces meſmes Conſtitutions & ce meſme Bref du ſaint
Siege.Il n'eſt pas croyable que des Eueſques ayent eſté autheurs
d'vne telle entrepriſe, & qu'ils ayent pû auoir ſi peu de
reſpect pour vne aſſemblée d'Eueſques, ou ils auoient aſſiſté,
& ſi peu d'egard à leur honneur, & à la Foy publique, que
d'oſer produire le jugement de cette aſſemblée ſous vne for-
me ſi differente, & ſi contraire à la verité; & il eſt plus vray
ſemblable que cela eſt venu des Ieſuites, qui n'eſtant pas con-
tents de la premiere condamnation de la declaration preſentée
au Roy, en ont voulu faire vne autre ſous le nom des meſmes
Eueſques, qui fut plus conforme à leurs deſſeins, pour mon-
ſtrer le pouuoir qu'ils ont aujourd'huy à la Cour, non ſeulement en faiſant faire & deffaire aux Eueſques ce qu'ils veulent, mais en ſe joüant viſiblement d'eux & de leur authorité, & la rendant meſpriſable deuant tout le monde, afin qu'elle ne leur puiſſe jamais nier lors que le temps ne leur ſera pas
fauorable.

XXIX.

XXIX.

Il ne faut pas s'eſtonner ſi ayant ſi peu conſideré le ſaint Siege, ſes Conſtitutions, & l'aſſemblée meſme, on a oublié ce qu'on deuoit à Monſieur l'Eueſque de Comenge, en condamnant d'hereſie vne declaration qu'il a eu l'honneur de preſenter au Roy, comme s'il ſe fuſt entendu auec ceux qui l'ont faite, pour ſurprendre ſa Majeſté, & le rendre protecteur de l'hereſie. Car le merite & la ſuffiſance de ce Prelat ne permettent pas de croire que l'aſſemblée le vouluſt accuſer de s'eſtre laiſſé tromper, & d'auoir failly par ignorance. Il faudroit donc que ſa faute euſt eſté volontaire, & entierement inexcuſable. Certes on ne deuoit pas pour le moins refuſer à vn Eueſque ſi illuſtre, la juſtice qui n'euſt pû eſtre déniée au moindre Eccleſiaſtique, de ne condamner point ſans l'entendre; & la conference qu'on euſt euë auec luy par eſcrit ou de viue voix, euſt pû beaucoup ſeruir pour ne s'engager point dan vne conduite ſi peu canonique, & pour auoir communication des lumieres qu'il auoit acquiſes en examinant & eſclairciſſant par l'ordre du Roy pendant ſix mois l'affaire dont elle deliberoit. Mais il paroiſt qu'elle a eſté fort eſloignée de cette penſée, puis qu'elle n'a point fait difficulté de declarer hautement qu'elle n'auoit pas beſoin de nouuelles lumieres, en diſant qu'elle ne vouloit point *entrer en de nouuelles deliberations*, comme s'il luy eſtoit permis de faire ſur le champ & ſans deliberer, vn iugement en matiere de Foy, & de condamner d'hereſie vne declaration qui n'auoit pas encor eſté veuë, n'ayant eſté faite que peu de jours auparauant par commandement du Roy. Il ſemble que non ſeulement l'importance du ſuiet, mais le reſpect qu'on déuoit à ſa Majeſté, & le ſeul nom du Prelat qui auoit eu l'honneur de luy preſenter cette declaration, la deuoit rendre plus conſiderable à ſes confreres, & les empeſcher pour le moins de la cenſurer ſi rudement, ſans ſe donner le loiſir de la diſcerner & d'en prendre connoiſſance, ſelon les formes qui s'obſeruent dans les cauſes les plus communes & les plus faciles. Ce qui eſt d'autant plus eſtrange qu'ils l'ont condamnée comme *cachante l'hereſie du Ianſeniſme*, laquelle n'a eſté eſclaircie iuſqu'à preſent ny par le Pape, ny par les

G

Euefques, ny par les Docteurs, & qui eſt de toutes les choſes du monde la plus cachée, la plus obſcure, & la plus inex-
pliquable, puis qu'on n'a pû encor determiner en quoy elle
conſiſte. Et cependant on ne voit autre choſe dans les pieces
de cette aſſemblée, que le nom *de l'hereſie Ianſeneinne*, qui y
eſt auſſi peu expliquée, qu'elle y eſt ſouuent repetée, comme
pour teſmoigner que c'eſt vne hereſie qui ne conſiſte qu'en
paroles. Mais quand elle ſeroit auſſi claire & auſſi aſſeurée,
qu'elle eſt inuiſible & imaginaire, & quand elle ſe trouueroit
en termes formels dans le liure de Ianſenius, il ne ſeroit pas
permis de l'appeller *hereſie Ianſenienne*, & de l'imputer à Ianſenius, comme à vn autheur d'hereſie, apres qu'il a rendu à
l'Egliſe & au ſaint Siege la ſoumiſſion qui ſe fait dés l'entrée
de ſon liure, & apres qu'il eſt mort dans la communion de
l'Egliſe en reputation d'vn des plus grands Eueſques qui ait
paru depuis long-temps dans les païs bas. Car ſi nonobſtant
tout cela il eſt permis de le dés-honorer, en donnant ſon nom
à vne hereſie, & l'appellant *hereſie Ianſenienne*, il ſera permis
de décrier en la meſme maniere des plus grands Saints, &
des Papes meſmes, qui ont tenu des opinions que l'Egliſe a
depuis condamnées, & qui n'ont pas témoigné tant de ſoumiſſion au ſaint Siege que luy, & deſquelles les erreurs & les
hereſies ſont plus connuës & plus conſtantes que celles dont
on le charge, ſans les oſer ſeulement exprimer.

XXX.

Qu'il eſt
tres injuſte
d'appeller
Ianſeniſtes
ceux qui ne
croyent pas
que les cinq
propoſitiõs
ſoient de
Ianſenius.

Ce n'eſt pas vne moindre iniuſtice de donner le nom do
Ianſeniſtes à ceux qui condamnant les erreurs qu'on attribuë
à Ianſenius, ne reconnoiſſent pas qu'il les ait enſeignées,
comme ſi on ne pouuoit pas douter des crimes dont la reputation d'vn homme eſt noircie, ſans ſe rendre capable des
meſmes crimes, & ſans former vn party & vne ſecte pour les
ſouſtenir. Si cela eſtoit, on ſeroit obligé d'abandonner l'innocence, & de ſe ioindre contre elle à la calomnie; & il
faudroit corriger l'Eſcriture, qui met entre les conditions

*Pſal. 14
v. 4.*

d'vn homme de bien & qui veut aller au Ciel, *de n'approuuer
pas l'opprobre qu'on fait à ſon prochain*, c'eſt à dire les choſes
qu'on luy impoſe ſans conuiction & ſans preuue ſuffiſante.
Ceux qui renonçants aux hereſies dont Origene a eſté con-

damné par l'Eglise, ont pretendu qu'il ne les auoit pas tenuës, n'ont jamais esté appellez Origenistes, & on ne donne pas ce nom à ceux qui sont dans la mesme opinion, mais
seulement aux defenseurs de ces heresies. Ceux qui tiennent
qu'Honorius n'a pas suiuy l'heresie des Monothelites, quoy qu'il
en ait esté condamné par tant de Conciles œcumeniques,
ne peuùent pas estre nommez Monothelites ou Honoristes,
si on ne veut des-honorer vn grand nombre de Theologiens,
& de Papes mesmes, qui se sont attachez depuis quelque
temps à cette opinion. Ceux qui exemptent les escrits de
Theodoret de l'heresie Nestorienne, contre le jugement d'vn
Concile œcumenique, & de plusieurs autres, ne passent pas
pour Nestoriens, ny pour fauteurs de l'heresie imputée à Theodoret, parce qu'ils la detestent ouuertement. Les erreurs de
Cassien & de Fauste ont esté censurées par les Peres, par les
Papes, & par les Conciles comme Pelagiennes, & toutefois
ceux qui tâchent encor à present de l'en descharger, ne veulent pas estre nommez Pelagiens, ou Faustiens, ou Cassia-
nistes. Presque toute l'Escole condamne saint Hilaire d'a-
uoir creu que Iesus-Christ n'a pas senty les douleurs de la Passion ; & saint Hierosme de n'auoir pas reconneu la differen-
ce qui est entre les Euesques & les Prelats. Mais ceux qui
ne croyent pas qu'ils ayent esté dans ces erreurs, dont la premiere est des Manicheens, & la seconde des Ariens, n'en
sont pas moins Catholiques, & on ne les peut pas soupçonner de ces erreurs, parce qu'ils n'en veulent pas condamner
ces saints. Il n'a donc jamais esté permis dans l'Eglise de
donner les noms des heresies ou des sectes à ceux qui estant
tres esloignez de les approuuer, ont simplement refusé de croire que des particuliers à qui on les attribuoit, en fussent coupables ; mais seulement à ceux qui les ont defenduës opiniâ-
trement. L'Eglise n'a jamais esté si deraisonnable que de vouloir qu'on fist vn crime à qui que ce fust, de ne croire pas
coupables ceux qui ne sont pas conuaincus, & de tenir tant
qu'on peut pour l'innocence, pour la charité, & pour la justice, laquelle elle ayme trop pour souffrir que ceux qui se declarent pour elle soient traittez comme s'ils la combatoient:
ce sont les heretiques & les ennemis des Saints, qui ont ac-
coustumé de noircir en cette maniere ceux qui ne veulent
pas prendre part à leurs mensonges & à leurs impostures.

Ainsi les Ariens appelloient *Athanasiens* les Euesques Ortodoxes qui ne vouloient pas signer la condamnation de saint Athanase. Les Donatistes appeloient Cecilianistes les Catholiques qui soustenoient l'innocence de saint Cecilien Euesque de Carthage, contre lequel ils commecerent leur schisme. Les persecuteurs de saint Iean Chrisostome décrioient les amis de ce Saint, en leur donnant le nom de *Ieannites* qui est tout semblable à celuy de *Iansenistes*, qu'on a inuenté pour diffamer ceux qui ne peuuent croire que le liure de Iansenius contient les heresies qu'on luy impute, parce qu'ils ne les y sçauroient trouuer, & que personne ne l'en a encor pû conuaincre, & qu'on n'ose pas les marquer clairement, comme toutes les autres heresies, afin que tout le monde les puisse connoistre & éuiter. Or selon la regle de saint Augustin, il est iuste de tenir vn homme coupable, de ce qu'il tient pour innocent celuy qui n'a pas esté legitimement conuaincu de ce qu'on luy impute : *Neminem recte iudicari puto nocentem, qui hominem non conuictum crediderit innocentem.*

Augusti. lib. 3. cont. lit Petill. c. 59.

XXXI.

Que sans pretexte de condamner le Iansenisme on donne au Pape & aux Euesques vne infaillibilité pire que celle qui vient d'estre condamnée par la faculté de Paris & par toute la France.

Il semble que ce qui a donné lieu de dire que la declaration quia esté presentée au Roy est *captieuse & cachante l'heresie du Iansenisme*, c'est qu'elle ruine la maxime de ceux qui donnent au Pape le Priuilege de Iesus-Christ, qui a esté tenu jusqu'a present seul infaillible dans les faits, & dans tous ses iugements. Car si cette declaration confessoit le fait de Iansenius, elle seroit sans doute Ortodoxe, & ne manqueroit de rien selon les Iesuites. Elle n'est donc heretique & ne cache l'heresie du Iansenisme, selon eux, que parce qu'elle n'auoüé pas ce fait, lequel ayant esté decidé par le Pape, ils pensent que ceux qui le nient sont heretiques, parce qu'ils ruinent cette infaillibilité merueilleuse, qui peut produire tous les iours de nouueaux articles de Foy, contre le consentement de tous les Theologiens, qui tiennent qu'il ne s'en fait point de nouueaux. C'est pourquoy dans la lettre circulaire aux Euesques, cette infaillibilité est soustenuë auec grande asseurance, comme le fondement de tout ce qui est fait dans l'assemblée. Car il est dit formellement dés l'entrée au nom des Prelats qui parlent dans cette lettre; *Nostre Foy est inuincible, & nostre authorité infaillible,*

infaillible, lors que nous tenons l'vne & l'autre inseparablement attachées & liées au siege de saint Pierre, pour la creance, & pour la discipline; & les portes de l'Enfer ne sçauroient preualoir contre vne force si redoutable à toutes les puissances des tenebres. C'est vn langage fort nouueau & fort remarquable pour vne si petite assemblée, estant clair que quatorze ou quinze Euesques, qui ne sont pas infaillibles d'eux mesmes, ne peuuent auoir aucune infaillibilité lors qu'ils sont vnis au Pape, s'ils ne la reçoiuent de luy : & ils ne la peuuent receuoir de luy, s'il ne la le premier, & n'en est comme la source. Il l'a donc, selon cette lettre, & il l'a possede si pleinement & d'vne maniere si haute, qu'il est capable de la communiquer comme Iesus-Christ, à ceux qui ne l'ont pas, & à vn petit nombre d'Euesques, qui n'y sçauroient rien pretendre de leur chef, ny se glorifier comme ils font, de l'auoir, que par l'effusion de sa plenitude. On s'estonne que des Euesques si habiles & si auisez ayent pû souffrir que les Iesuites ayent coulé dans leur lettre circulaire vne maxime si estrange, & qu'ils n'ayent pas veu qu'ils se vouloient seruir de leur nom, pour tâcher de releuer leur infaillibilité abbatuë par la declaration de la faculté de Theologie de Paris, par les Arrests des Parlements, & par l'autorité du Roy & de ses ministres, qui ont tesmoigné depuis peu tant d'auersion de cette infaillibilité inuentée par les Iesuites, & mesme de celle qui n'est pas si nouuelle ny si insupportable. Car l'infaillibilité que cette lettre donne au Pape, & qu'elle pretend que les Euesques ont receuë de luy, ne regarde pas seulement *la Foy*, mais aussi *la discipline*, c'est à dire toutes leurs ordonnances & toute leur conduite : & elle rend *infaillible l'authorité des Papes*, & de ceux qui sont attachez à luy, aussi-bien que leur Foy, selon sa propre expression. Et ainsi à quoy que ce soit que cette authorité infaillible s'applique, soit aux causes de doctrine, ou à celles des personnes, ou des simples faits, elle sera tousiours *infaillible*, & tout ce qu'elle ordonnera sera indubitable, & ne pourra estre contesté que par des ennemis de la verité infaillible, & par des heretiques. Ce qui est si euidemment faux & insoustenable, & appartient si peu aux ordonnances du Pape ioint à vn petit nombre d'Euesques, qu'il ne peut pas estre attribué à celle de toute l'Eglise ensemble, estant certain que les Conciles mesmes œcumeniques & l'Eglise vniuerselle, ne sont pas infaillibles dans les causes personnelles & dans les faits particuliers; & qu'on peut douter de ce qu'ils

en ordonnent, sans perdre la Foy ny la qualité de Catholique, &
sans manquer au respect & à l'obeissance qu'on leur doit, &
le contraire est condamné par le consentement de tous les
Theologiens & de toutes l'antiquité. De sorte que si le Pape peut rendre infaillibles dans les questions de fait les Euesˆ
ques qui s'attachent a luy, il s'ensuiura qu'il leur peut communiquer vne infaillibilité plus grande & plus abondante,
que celle que Iesus-Christ à donné à toute l'Eglise. C'est
neanmoins ce que dit cette lettre circulaire, & ce qu'il faut
necessairement croire, pour obtenir, selon ses termes, *vne
victoire acheuée contre l'heresie Iansenienne*, qui ne consiste as-
seurement que dans l'opposition à vne maxime si fausse & si
pernicieuse. Car ceux qu'on accuse de cette heresie nouuelle, accordent tout ce qu'on leur peut demander, hormis
la confession du fait de Iansenius; sur lequel encor ils offrent
le silence, & toute l'humilité & la modestie possible, sans se
reseruer que la connoissance interieure de la verité, qu'ils ne
sçauroient s'empescher de voir, leur paroissant visible. Il faut
donc que s'ils sont heretiques, ils le soient pour ne croire pas
le Pape infaillible dans ce fait; & qu'ainsi leur heresie soit la
creance de tous les Theologiens & de toute la France, qui
sera aussi criminelle qu'eux, puis qu'elle soustient si fermement,
comme vne verité fondamentale de la Religion & de l'Estat,
ce qu'on veut condamner en eux comme vne heresie.

XXXII.

Qu'on ne
refuse d'a-
uoüer le
fait de Ian-
senius que
par la seule
crainte de
Dieu, pour
ne combatre
pas le tes-
moignage
de sa con-
science.

Ils témoignent assez qu'ils n'agissent que par la seule con-
sideration de Dieu, & qu'ils veulent bien se rabaisser, non seulement autant qu'ils doiuent, mais aussi autant qu'on le peut
sans peché, puis qu'ils protestent continuellement qu'ils condamnent les cinq propositions; sans les vouloir soustenir en
aucun sens, promettant mesme de ne contredire point la decision du fait de Iansenius; mais de la souffrir humblement
& de n'en faire pas plus de bruit que s'ils la croyoient veritable. Cette protestation ne procede que d'vn grand desir
qu'ils ont de contribuer à la paix de l'Eglise, & de rendre
au Pape & aux Euesques tout l'honneur & la deference qui
leur est permise, estant certain que les loix de l'Eglise ne les
obligent pas à vne si grande humiliation, & que le Pape mes-

me n'en demande pas tant aux autres Catholiques, ny à ses propres sujets. Cela monftre qu'ils paffèroient encor plus auant, fi la confcience ne les retenoit, & qu'ils feroient bien aifes de pouuoir auoüer que les cinq propofitions font dans le liure de Ianfenius auec leurs herefies, fi apres tous les efforts qu'ils ont faits, ils les y euffent pû defcouurir, & s'ils n'y euffent veu de toutes parts vne doctrine entierement oppofée à des herefies. Ils ne peuuent donc pas fe perfuader qu'il leur foit permis de combatre le témoignage de leur confcience, en condamnant la verité, la juftice, & l'innocence qui leur paroift euidente. C'eft la feule raifon qui les arrefte, & qui les empefche de confentir à ce qui leur eft propofé par tant de perfonnes qu'ils honorent & qu'ils reuerent, croyant que fi ces perfonnes auoient pris autant de peine qu'eux à lire ce liure, & a s'éclaircir de ce qu'il contient veritablement, fans s'en rapporter à ceux qui font engagez à fa condamnation, & qui ne le lifent que pour y trouuer ce qu'ils defirent, ils ne s'eftonneroient pas peut-eftre de ce qu'ils fe tiennent dans ces bornes, & ne fe peuuent refoudre à trahir la verité qui leur eft connuë, s'eftimant heureux de s'expofer pour elle, & de pouuoir fouffrir quelque chofe pour luy rendre la juftice qu'ils luy doiuent.

XXXIII.

Que s'il y a des perfonnes qui les accufent d'eftre trop retenus & trop fermes, ils fe peuuent confoler en confiderant qu'il y en a d'autres qui penfent qu'ils ne le font pas affez, & qu'ils fe font rabaiffez plus qu'ils ne deuoient. Ces reproches fe deftruifent l'vn l'autre, & neantmoins ils font prefque ineuitables dans les conteftations & les diuifions publiques, où il y a toûjours des deux coftez des efprits attachez à leurs fentimens & à leurs pretentions, qui fe tenans dans les extremitez, ne trouuent jamais rien qui les contente, fi on ne rencontre ce qu'ils ont dans la tefte, & fi on ne leur accorde tout ce qu'ils defirent. De forte que ceux qui tâchent de calmer l'orage, en cherchant la paix dans les voyes moderées de la verité & de la juftice, & fuyant les deux extremitez, fe trouuent engagez entre ces deux fortes de gens, qui s'efleuants contr'eux par les mouuements contraires de leurs paffions, leur imputent des chofes toutes oppofées; les vns de fe relafcher trop, & les autres d'eftre

H ij

Cyrill. ep.
ad Donat
Epiſ. conc.
Epheſ. part.
3. c. 38.
trop roides & trop exactes. Ceſt ainſi que ſaint Cirille d'A-
lexandrie, dans l'accommodement qu'il fit auec Iean Eueſque
d'Antioche & auec les autres Eueſques d'Orient, fut accuſé
par ceux qui ne fauoriſoient pas ce traitté, d'auoir abandon-
né la verité, & d'auoir retracté ce qu'il auoit eſcrit contre
l'hereſie de Neſtorius : & d'autres publierent au contraire
Idem Epiſ.
ad Valeria
Côci. Epheſ.
part. 3. c.
40,
que les Eueſques d'Orient s'eſtoient repentis d'auoir trop
accordé à ſaint Cirille, & qu'ils eſtoient retournez dans leurs
premiers ſentiments. Ce qu'ils ne reſpandirent pas ſeulement
par de faux bruits, mais auſſi par de fauſſes lettres, leſquelles
ſaint Cirille fut obligé de combatre publiquement, & d'a-
uertir les vrais enfans de l'Egliſe de n'y auoir point d'égard.
Il ne faut donc pas s'eſtonner ſi les diſciples de ſaint Auguſtin
ſont traittez de meſme dans vne pareille rencontre, & ils
doiuent ſe réjoüir qu'on puiſſe connoiſtre à cette marque la
conformité de leur conduite à celle des Saints & de l'Egliſe ;
& que la contrarieté des reproches qu'on leur fait, les juſtifie
deuant tout le monde. Que ſi l'opinion de ceux qui croyoient
qu'ils en faiſoient trop, ne les a pas empeſchez de rendre à la
verité, â la charité, & à la paix de l'Egliſe ce qu'ils luy deuoient, il ne faut pas trouuer eſtrange que l'opinion de ceux
qui penſent qu'ils n'en font pas aſſez, ne les porte pas à aller
plus loin, en paſſant les bornes de leur deuoir & de leur
conſcience, apres auoir teſmoigné en deſcendant juſqu'au
dernier degré de l'humiliation & de la condeſcendence Chre-
ſtienne, qu'ils n'ont ny trop de roideur ny trop de complai-
ſance, & qu'ils regardent Dieu ſeul, & non les hommes.

IIXXIV.

Quon ne
peut obli-
ger ceux
qui ne ſont
pas perſua-
dez que les
cinq propo-
ſitions ſont
dans le li-
ure de Ian-
ſenius, de
confeſſer
qu'elles y
ſont, ſoit
Il eſt vray qu'on peut croire qu'ils ſe trompent : mais ceux
qui le croyent ſe peuuent auſſi tromper. Et ainſi la choſe eſtant
pour le moins douteuſe, on ne ſçauroit les condamner iuſte-
ment, puis qu'il n'eſt pas permis de condamner dans le doute,
mais ſeulement d'abſoudre. Enfin il eſt certain qu'ils ſont per-
ſuadez que les cinq Propoſitions ne ſont dans le Liure de Ianſenius. ny ſelon les paroles, ny ſelon le ſens, & par conſequent
on ne les peut obliger de dire le contraire, tant qu'ils ſeront
dans cette perſuaſion. eſtant clair que s'ils le diſoient, ils men-
tiroient, & parleroient contre leur conſcience. Eſtant donc
indubitable

indubitable qu'il n'y a puiſſance ſur la terre qui les puiſſe obliger de mentir; il eſt auſſi indubitable qu'il n'y a puiſſance ſur
la terre qui les puiſſe obliger de condamner les cinq Propoſitions heretiques, comme Propotions de Ianſenius : & que ſi
on leur commandoit, ils deuroient reſpondre comme les Apoſtres, *qu'il vaut mieux obeyr à Dieu qu'aux hommes.* Car il ne
ſeroit pas ſeulement contre la Iuſtice, mais auſſi contre la Foy,
de leur faire ce commandement, & de pretendre qu'ils fuſſent
tenus d'y obeïr; eſtant aſſeuré que ce n'eſt pas moins vne erreur contre la Foy, de croire qu'on peut commander le men-
ſonge, que de croire qu'on peut mentir. Il faudroit donc pour
faire ce commandement ſans vne violence manifeſte & entierement déraiſonnable, leur oſter auparauant l'opinion qu'ils
ont, & leur donner le contraire, en leur monſtrant clairement
dans le Liure de Ianſenius les Propoſitions ou les Hereſies
qu'on voudroit qu'ils luy attribuaſſent. Mais on témoigne eſtre
bien loin de cette penſée, en refuſant non ſeulement de marquer les endroits de ce Liure où les cinq Propoſitions ſe voyent
clairement, ſans quoy on ne les ſçauroit condamner auec iuſtice, mais auſſi de leur dire ſimplement quelles ſont ces hereſies de Ianſenius qu'on veut qu'ils reconnoiſſent. Et l'Aſſemblée extraordinaire a declaré expreſſément qu'elle ne vouloit
plus *entrer en de nouuelles deliberations* ſur cette matiere, diſant que *la cauſe eſt finie,* & qu'il n'y a plus rien à faire, quoy
que ny le Pape, ny les Eueſques, n'ayent decidé iuſqu'à preſent quelle eſt cette hereſie pretenduë de Ianſenius ny en quel
lieu de ſon Liure on la peut voir.

par la ſigna-
ture du For-
mulaire, ou
de quelque
acte que ce
ſoit.

XXXV.

Il y en a qui s'imaginent qu'il eſt permis de dire qu'on condamne les cinq Propoſitions de Ianſenius, encore qu'on n'ait
pas intention d'auoüer qu'elles ſont de luy, pour témoigner
ſeulement ſoûmiſſion aux Superieurs, ou pour ſe garantir de
la perſecution. Si ces perſonnes penſent qu'on peut dire, ſans
mentir, qu'on croit ce qu'on ne croit pas, & qu'on fait actuel-
lement ce qu'on ne veut pas faire, ils combatent le ſens com-
mun, auſſi bien que l'Eſcriture, qui maudit ceux qui ont *l'eſprit double,* & ne *parlent* pas *ſelon la verité qu'ils ont dans le
cœur.* Les Payens meſmes ont reconnu ces menſonges & ces

Que c'eſt
vne erreur
manifeſte
de s'imagi-
ner que
ceux qui ne
croyent pas
que les cinq
propoſitiõs
ſoient de
Ianſenius,
puiſſent di-
re qu'ils le
croient par

respect en-
uers les su-
perieurs, ou
pour éuiter
la persecu-
tion.
Eccli. 2. 4
Psal. 14.
3.
2. Cor. 1.
Ephes. 4.

tromperies, & les ont punies seuerement. Il est donc indubitable que tous les discours où il y a *ouy & non*, pour parler auec saint Paul, c'est à dire ou la pensée & la langue ne s'accordent pas, sont mensonges & faussetez, & qu'on ne le peut nier sans erreur & extrauagance. Mais ce n'est pas vn moindre excez de croire que le mensonge & la fausseté soit licite : & si l'Escriture commande *de dire la verité au prochain, parce que nous sommes membres les vns des autres*, elle commande à plus forte raison de la dire aux Superieurs de l'Eglise, qui sont nos Chefs & les Vicaires de Iesus-Christ. Il est donc contre la verité de la Religion, & contre toute sorte d'apparence, que ceux qui ne croyent pas que les cinq propositions soient de Iansenius, puissent dire en conscience dans le langage du Formulaire, qu'ils *croyent de cœur & de bouche* qu'elles sont de luy, ou en d'autres termes equiualens que la doctrine de ces propositions est contenuë dans son Liure. Car ils ne diroient pas seulement qu'il le croyent de bouche, c'est à dire qu'ils le confessent exterieurement ; ce qui suffiroit pour mentir, si leur pensée n'estoit pas conforme à cette confession : mais ils asseureroient encor formellement qu'ils le croyent du cœur : ce qui seroit euidemment faux, s'ils auoient le contraire dans le cœur. Et partant il est clair qu'on ne sçauroit trouuer rien de plus inexcusable que ce mensonge, qui en enfermeroit deux tous visibles. Car c'est se moquer de penser qu'il puisse estre excusé par la soumission & le respect qu'on doit aux superieurs estant manifeste que le mensonge n'est pas marque d'honneur & de resp ct, mais d'irreuerence & de mépris ; & qu'ainsi il est beaucoup moins permis de mentir aux Superieurs & à ceux à qui on doit le respect qu'aux autres. Mais il y a encor plus de mal à mentir aux Superieurs de l'Eglise, & c'est vne espece de sacrilege & d'impieté, parce que *ce n'est pas mentir aux hommes, mais à Dieu & au Saint Esprit* ; comme Ananie & Saphire, qui furent punis de mort subite par la voix de saint Pierre, à cause qu'en luy parlant contre leur pensée : ils auoient menty au Saint Esprit qoi reside tousiours dans l'Eglise iusques à la fin du monde, Que s'il n'est pas permis de mentir pour obeïr aux Superieurs & pour leur rendre honneur, il le doit estre beaucoup moins pour éuiter la persecution qui regarde le repos & l'interest particulier. Mais de quelque pretexte qu'on puisse couurir ce dessein de fuir la persecution, il est certain qu'il n'est iamais permis de faire le moindre mal pour procurer le plus grand bien, selon saint Paul, & que le mensonge tuant l'ame, comme l'Escriture le dit souuent, on seroit condamné par *(Rom. 3. 8, Sap. 1. 11. Prou. 19 19, Psal, 5. 6. Mat. 16. 26.)* la parole de IesuscChrist, si on exposoit la vie de son ame en mentant volontairement dans vne occasion importante à la face de toute l'Eglise, quand il s'agiroit de sauuer tout le monde. Aussi il n'y eut iamais eu de persecution dans l'Eglise, si les Chrestiens eussent esté persuadez qu'ils pouuoient declarer de bouche & par escrit le contraire de ce qu'ils auoient dans le cœur, pour se deliurer des Tyrans ; & le Fils de Dieu n'eust pas dit qu'il desauoüera deuant les Anges & deuant son Pere ceux qui ne le confesseront pas deuant les hommes, c'est à dire, qui n'auoüeront *(Mat. 10. 32.)* pas la verité, qu'il leur aura fait connoistre. Car ceux qui la conserueroient dans l'ame, & ne la nieroient qu'exterieurement pour s'échaper des mains de leurs ennemis, seroient innocens, & ne meriteroient pas d'estre reiettez dans son Iugement. Il seroit plustost difficile d'excuser les Martyrs, qui pouuant se mettre en repos par vne seule parole, en dissimulant ce qu'ils croyoient dans leurs ames, se fussent exposez temerairement à la mort, & eussent attiré la tempeste sur l'Eglise, en irritant les Infidelles sans aucune necessité. De sorte qu'il ne faudroit plus honorer, ny loüer les Martyrs, mais ceux qui cederoient aux persecuteurs; & *(Mat. 5. 10.)* ce ne seroit plus vn bon-heur, selon l'Euangile, de se soumettre à la persecution pour la iustice, & pour la verité, mais plu- *(Eccli. 3. 27. Prou. 14. 16.)* stost vn mal-heur & vne folie, puis que l'Escriture & tout les sages blasment celuy qui n'éuite pas le danger lors qu'il le peut *(Mat. 10. 23.)* sans offenser Dieu ; & Iesus-Christ ne nous a pas ordonné d'aimer la persecution, mais de la souffrir & de la fuïr, comme il a fait luy-mesme & ses Disciples apres luy : & de n'aller à la mort & aux souffrances que comme il y est allé, par humilité & par obeïssance, en faisant non sa volonté, mais celle de son Pere, qui luy auoit commandé de mourir pour sa gloire, & non pour la sienne propre.

XXXVI.

Il y en a d'autres qui veulent bien qu'on renonce au Formu- *(Qu'il seroit encor plus iniuste d'obliger de condãner le sens de Iansé-)* laire, pourueu qu'on auoüe que les cinq Propositions doiuent estre condamnées au sens de Iansenius, & qu'on les condamne en son sens, Ceux qui parlent de la sorte, ne se mettent pas en peine de conseruer *l'vniformité du Formulaire* laquelle l'Assemblée extraordinaire a creu de si grande importance, qu'elle a iugé que c'estoit le moyen de tous *le plus propre & le plus efficace* pour mettre en execution les Constitutions des Papes. Il semble qu'ils ne pensent qu'à satisfaire la passion des Iesuites, qui ne demandent que la condamnation de Iansenius, en quelque maniere qu'ils la puissent obtenir, soit par le Formulaire, ou sans le Formulaire, ne se souciansny du Formulaire, ny des Constitutions, ny du Pape, ny des Euesques, qu'autant qu'ils leur sont vtiles pour paruenir à cette fin qu'ils desirent vniquement. Mais c'est auoir vne estrange idée des Euesques, de croire qu'apres auoir autorisé tant de fois le Formulaire, apres l'auoir proposé comme profession de Foy, & *vne formule de Foy,* c'est à dire, vne regle de Foy, sans laquelle on ne puisse estre Catholique; apres auoir declaré dignes des peines des Heretiques ceux qui ne voudraient pas s'y soumettre; & apres l'auoir renouuellé & confirmé depuis peu auec tant de chaleur dans vne Assemblée extraordinaire, dans la lettre qu'ils ont escrite au Pape, & dans la lettre circulaire à tous les Euesques de France, ils soient capables d'abandonner en vn moment ce mesme Formulaire comme vne piece inutile, & de reconnoistre pour Catholiques, pour fidelles, & pour vrais enfans de l'Eglise ceux qui refuseroient de l'approuuer, & le reietteroient comme illegitime, Il semble qu'on ne sçauroit se joüer plus ouuertement de la Foy de l'Eglise & de la Religion Catholique, & tesmoigner qu'elle n'a rien de reel, & qu'elle ne dépend que du temps & de la fantaisie des hommes. Ce ne seroit pas aussi soulager l'Eglise, ny la deliurer de la seruitude de ce Formulaire, que pour luy en imposer vn autre plus fascheux & plus iniuste, qui faisant condamner generalement le sens de Iansenius, auroit tous les deffauts du premier, & encor d'autres plus notables. Car premierement il seroit plus destitué d'autorité, parce qu'il ne seroit fondé que sur vne Assemblée particuliere, ou sur la resolution de quelques Euesques; au lieu que le premier Formulaire a esté publié sous le nom des Assemblées generales du Clergé de France, Il obligeroit tout le monde a signer comme l'autre, contre l'ordre des Canons & de l'Eglise, sans lequel les Euesques ne peuuent rien faire legitimement: Il obligeroit à tenir que les cinq Propositions sont dans le Liure de Iansenius. Il obligeroit à confesser ce faict comme vn poinct de Foy, puis qu'on ne seroit pas receu pour Catholique, mais puny en Heretique sans cette confession. Il

obligeroit

obligeroit à croire de cœur & de bouche toutes ces choses,
comme le premier Formulaire: & il obligeroit de plus à attribuer
ces Propositions à Ianfenius, en vn fens qu'on ne connoist point,
& qu'on n'a pû expliquer iufques à prefent, & à confeffer que ce
fens incônû & inexplicable le rendroit Auteur d'vne herefie qu'ō
appelle *Ianfenienne*, par vne iniuftice qui furpaffe toutes celles du
premier Formulaire. Car ce premier Formulaire fait confeffer le
fait de Ianfenius d'vne maniere plus tolerable, obligeant fimplement de luy attribuer *la doctrine des cinq Propofitions*, qui eft
vne doctrine que les termes de ces Propofitions marquent &
expriment affez clairement dans leur fignification naturelle,
pour la pouuoir entendre. Mais le fecond Formulaire obligeroit de luy attribuer vn fens inconnû & indeterminé, & de le
condamner d'herefie à caufe de ce fens, qui eft vne iniuftice
fans comparaifon plus odieufe que la premiere, puis que ce
feroit condamner vn homme, fans fçauoir dequoy on le con-
damneroit, & le condamner d'herefie en general, fans fçauoir
de quelle herefie en particulier; & par confequent le traitter
auec vne paffion entierement aueugle & inhumaine. Que fi
ce procedé eftoit infupportable dans la moindre affaire du
monde, il le paroiftroit beaucoup dauantage dans la plus grande & la plus importante, qui eft celle de la Foy & de l'Herefie,
& contre vne perfonne de la condition la plus hautè & la plus
fainte de l'Eglife, qui eft celle des Euefques. Mais l'injure qu'on
feroit à la doctrine de l'Eglife & à la Foy, feroit encor plus in-
excufable & plus honteufe. Car fi c'eft vn crime de condamner vn homme fans connoiffance, & de le declarer coupable
fans dire dequoy; il eft beaucoup plus injufte de condamner
ainfi le fens & la doctrine qui eft dans vn Liure, & de contraindre tout le monde à luy dire anatheme, fans fçauoir fi elle en
eft digne, fi c'eft vne erreur ou vne verité, & fans fçauoir feulement ce que c'eft. Ce ne feroit donc pas offenfer vn homme
fimplement, mais ce feroit outrager directement la verité en
elle-mefme, & la traitter auec vn mépris horrible, en voulant bien
prendre le hazard de la faire paffer pour Herefie. Ce qui eft
d'autant plus confiderable qu'il s'agit d'vn Liure qui contient
tous les principes & les conclufions principales de la doctrine
de faint Auguftin, qui eft celle de l'Eglife, dans la matiere de
la Grace. On ne pourroit donc pas dire qu'on condamne le
fens & la doctrine de Ianfenius, fans marquer quel eft ce fens

K

33

& cette doctrine, qu'en s'exposant à condamner la doctrine
de saint Augustin & de l'Eglise, qui est dans le Liure de Iansenius, puis qu'il dépendroit de ceux qui auroient receu cette
signature & cette condamnation generale & indeterminée, de
l'appliquer à tous les endroits de ce Liure. Et ainsi cette souf-
cription seroit comme vn blanc-signé pour condamner tout
ce qu'il plairoit à ceux à qui on l'auroit donnée, & pour
abandonner la doctrine ancienne de l'Eglise à la discretion des
Iesuites, qui pouroient en cette maniere satisfaire aisément
l'auersion qu'ils ont contre la doctrine de saint Augustin; Aussi quand on les presse de monstrer clairement dans Iansenius
les termes ou le sens des cinq Propositions, ils ne craignent
point de respondre, qu'elles y sont depuis le commencement
iusques à la fin, quoy qu'ils n'osent s'arrester à aucun endroit
particulier, de peur d'estre surpris & conuaincus de calomnie.
Ils pretendent donc que sous la condamnation du sens de Iansenius est enfermée la condamnation de tout ce qui est dans
ce Liure ; c'est à dire de toute la doctrine de saint Augustin &
de l'Eglise ; & des maximes de Foy qui y sont representées, s'il
est vray comme ils l'asseurent, que le mauuais sens qu'ils luy
imposent & qu'ils veulent qu'on condamne, est respandu dans
tout ce Liure depuis vn bout iusques à l'autre. De sorte que
ceux qui exigeroient vne signature si impie, seroient encore
plus coupables que ceux qui l'accorderoient ; & il est clair
qu'elle surpasseroit tout le mal & tout le desordre du premier
Formulaire, & seroit plus propre pour augmenter le trouble &
la confusion de l'Eglise, & pour luy rendre la paix impossible,
n'y ayant personne qui voulust se soumettre à vne condition
si indigne, ny qui le pût faire, sans renoncer à la crainte de
Dieu, & à tout sentiment de Religion.

<h2 style="text-align:center">XXXVII.</h2>

On peut conter pour vne des actions de cette Assemblée extraordinaire qui donne plus de sujet d'estonnement, qu'elle tasche
d'engager le Roy dans ses desseins, & de le rendre ministre &
executeur d'vne entreprise si clairement iniuste, & contraire
aux maximes de la France, & aux intentions de sa Majesté. Le
Roy s'oppose ouuertement à ceux qui veulent rendre le Pape
infaillible ; & on luy demande en mesme temps vne Declara-

tion qui le rend plus infaillible qu'il ne veut estre luy-mesme. Car le Pape ne veut pas estre infaillible dans la decision du fait de Iansenius. Il ne veut pas qu'on pense qu'il faut croire & signer la decision de ce fait pour estre fidelle & Catholique, & que tous ceux qui ne la confesseront point soient tenus Heretiques & dignes des peines de l'Heresie. Ses Constitutions & ses Brefs ne le disent pas, & toute la faueur que les Iesuites peuuent auoir auprés de luy ne luy fera iamais dire clairement. Et neantmoins on le veut faire dire au Roy dans vne Declaration, qui ne tesmoignera pas seulement qu'il le croit, mais qu'il veut contraindre tout le monde à le croire, & vser de son autorité supréme contre ceux qui ne le croiront pas, & ne le signeront pas de leur propre main. On veut donc rendre le Roy plus partisan de l'infaillibilité du Pape, que le Pape mesme, & deffenseur d'vne infaillibilité que le Pape n'auouë pas, & qui n'est qu'vne Heresie inuentée depuis peu par les Iesuites, pour pouuoir soustenir la violence qu'ils exercent contre leurs aduersaires, en les faisant passer pour Heretiques, puis que l'Heresie du *Iansenisme* dont ils les accusent, n'est fondée que sur cette infaillibilité chimerique. Il seroit incroyable, si on ne le voyoit des yeux, qu'on eust l'asseurance de prier le Roy d'autoriser cette infaillibilité par vne Declaration solemnelle, lors qu'il en témoigne tant d'eloignement par ses ordres, & par les Arrests de sa Iustice; comme si on vouloit qu'il establist & qu'il renuersast tout ensemble vne mesme chose, ou qu'il fist vne retraction publique de ses sentimens, & vn desadueu de ses Parlements & de ses Conseils; ou bien qu'il declarast qu'il ne veut permettre de tenir le Pape infaillible, que dans la cause du pretendu Iansenisme, que dans celle-là seule il le croit luy-mesme infaillible iusques dans les faits, & qu'il tient veritable dans ce cas vnique l'Heresie des Iesuites. C'est ainsi qu'on traitte le Roy, & c'est l'honneur que luy rendent ceux qui luy conseillent de persecuter comme Heretiques par vne Declaration expresse, ceux qui ne confesseront point par escrit le fait de Iansenius. Il ne faut donc point douter que si sa Majesté estoit informée de l'estat veritable de cette affaire, elle ne vist plus clairement qu'aucun autre, qu'elle y a plus d'interest que personne, & qu'il y va non seulement de son autorité, mais de son honneur, & qu'elle ne peut abandonner à la passion des Iesuites

ceux qu'ils appellent Ianseniftes, fans leur abandonner auffi
ce qu'elle doit à Dieu, à fon Royaume, & à elle-mefme. Les
Iefuites & ceux qui les fauorifent voyent fort bien que leur procedé eft tout irregulier & violent, qu'il n'y a point de loy dans
l'Eglife ny dans l'Eftat qui ne le condamne, & qu'on ne le
fçauroit fouftenir que par vne autorité abfoluë, en laquelle
ils mettent toute leur confiance. Mais on efpere que fa Majefté confiderera que la puiffance des Roys Chreftiens eft fa-
creé, parce qu'elle eft deftinée pour faire obferuer les loix de Dieu
& de l'Eglife & pour partager fa liberté, & non pour appuyer les
Ecclefiaftiques qui tafchent de l'abbatre & de l'opprimer, pour en
eftre les maiftres. On efpere qu'elle reuerera l'ordre de la Iuftice & des Canons, non feulement de l'Eglife vniuerfelle, mais
particulierement de celle de France, & fes libertez anciennes,
fi venerables a nos Peres, lefquelles on veut étouffer & perdre
fans reffource par fa puiffance, & éluder par elle-mefme les
deffeins de fa Majefté, qui ne penfe qu'à les reftablir & à les
conferuer dans leur vigueur, en reparant les bréches que la
corruption des temps, des interefts, & des impreffions eftran-
geres y ont faites. Car il eft certain qu'on ne veut obtenir vne
Declaration de fa Majefté pour l'execution des Conftitutions
des Papes, & pour chaftier comme Heretiques ceux qui ne fou-
mettront pas leurs efprits fans exception à tout ce qu'elles ordonnent, & à vne deliberation de quinze Euefques qui n'a rien
de Canonique, qu'afin de fe feruir de la conionĉture fauorable, qu'on penfe auoir trouuée, pour changer l'ordre & le gouuernement de l'Eglife, & pour en introduire vn nouueau, qui
ne s'eft iamais veu en France, apres lequel il ne faudra plus
parler de fes droits ny de fes libertez legitimes & naturelles, puis
qu'elle n'aura plus d'autre loy que la volonté des homnes, & la
domination que le temps leur permettra d'exercer dans l'Eglife.

<h1 style="text-align:center">XXXVIII.</h1>

Que la
Iuftice &
les loix de
l'Eglife &
de l'Eftat
ne permet-
tent pas de
punir com-
me hereti-
ques ceux
qui ne veu- On ne croit pas auffi qu'il y ait iuge en France, foit Ecclefiaftique, foit feculier, qui puiffe condamner d'herefie, ny foumettre aux peines des heretiques, ceux qui condamnent generallement toutes les erreurs & les herefies condamnées par l'Eglife, &
qui font prefts de condamner toutes celles qu'on leur marquera
clairement. On a toûjours tenu en France Catholiques & Ortodoxes

thodoxes ceux qui ont esté dans cette disposition, & on n'a jamais crou qu'il fallust encor les obliger à condamner des erreurs
inconnuës, comme vn sens de Iansenius qui ne s'explique point
& ne subsiste que dans l'esprit de ceux qui en parlent. Ces sor-
tes d'heresies obscures & ineffables n'ont jamais esté conside-
rées en France non plus que dans tout le reste de l'Eglise, ou il
n'y a point eu d'exemple jusqu'à present, que ceux qui n'ont
refusé de condamner que ce qu'ils ne connoissoient point, &
ce qu'on ne vouloit pas leur faire connoistre, ayent esté jugez
heretiques. Que si on ne peut pas les declarer heretiques,
selon les loix de l'Estat & de l'Eglise, il s'ensuit euidemment qu'on ne peut pas les condamner aux peines des
heretiques, sans violer toutes les loix de la justice,
de l'Estat, & de la Religion. Aussi qu'elle apparence y auroit-il
de soupçonner d'heresie, ou d'aucune mauuaise doctrine ceux
qui selon le dernier Bref du Pape, n'ont que *de bons sentimens, & vne doctrine saine, & sont soumis au Siege Apostolique?*
Ne seroit-ce pas oublier le respect qu'on doit à sa Sainteté,
& luy resister en face? Il faut donc auoüer que quelque re-
proche qu'on leur puisse faire, on ne sçauroit donner aucune
atteinte à leur Foy, ny empescher qu'ils ne soient recònneûs
Catholiques, & traittez en Catholiques. Que si on les accuse
d'estre superbes, opiniastres, & desobeïssans, à cause qu'ils ne
peuuent se resoudre à confesser vn fait qui a esté jugé par le
Pape & par quelques Euesques, il ne leur sera pas difficile de
respondre qu'il ne croyent pas manquer à ce qu'ils doiuent
au Pape & aux Euesques, en écoutant leurs decisions
auec respect sans y vouloir faire aucune resistance; que les loix
de l'Eglise, ny celles de l'Estat, n'ordonnent point de punir
comme heretiques tous les superbes, ny tous les opiniastres, non-
plus que tous les ambitieux, tous les auares, ou tous les injustes;
ny de tenir pour superbes & pour opiniastres tous ceux qui ne
veulent pas obeïr aueuglement contre leur conscience, & contre la justice euidente à toutes les volontez des Euesques, ou signer tous les faits qui ont esté decidez par les Papes. Il est assez
clair que cela seroit directement contraire à l'ordre de l'Eglise,
aux saints Canons, à la doctrine & à la pratique des plus grands
Papes, & aux libertez anciennes de l'Eglise de France, & ne pourroit estre fondé que sur vne maxime nouuelle, qui n'est digne que

L

lent pas cō-
damner les
cinq propo-
sitions dans
le sens de
Iansenius.

de ceux qui hayſſent autant ces libertez que les Canons & toute l'œconomie de l'Egliſe, parce qu'ils ne ſçauroient les accorder auec leurs pretentions, & auec leurs regles particulieres.

Que les ſeuls Ieſuites entretiennent la diuiſion & le trouble dans l'E-gliſe pour l'intereſt & la vaine reputation de leur com-pagnie.

XXXIX.

Il eſt viſible que tout ce bruit & cette tempeſte qui agite l'Egliſe d. . . tant d'années, ne vient que des Ieſuites, & n'eſt entretenuë que par eux. Il importe peu à l'Egliſe qu'on ſçache ſi le liure de Ianſenius contient les cinq propoſitions condamnées d'hereſie par les Papes, ou le ſens de ces propoſitions. Il luy ſuffit que tout le monde les condamne, & que perſonne ne les vueille ſouſtenir en aucun ſens, ſans ſe mettre en peine ſi on croit qu'elles ſoient effectiuement dans le liure de Ianſenius, ou meſme que cét autheur ait fait aucun liure. Il eſt contre toutes ſes loix & contre toute ſa diſcipli-ne, de s'attacher à vne queſtion ſi ſuperfluë & ſi vaine; & d'en prendre ſujet de perſecuter ſes enfans, en les arrachant de ſon ſein, & luy oſtant ſa paix, qui ne deſpend que de la Foy, & de l'vnion dans la charité, & non des faits particuliers, ny du merite des perſonnes, comme les Peres l'ont ſouſtenu contre les Donatiſtes, & contre tous les heretiques & ſchiſ-matiques. Mais les Ieſuites croyent qu'il y va de l'honneur de leur ſocieté, & que c'eſt pour eux vne affaire d'Eſtat, de faire condamner le liure de Ianſenius comme heretique, im-pie & abominable, & d'en donner horreur à tous les hommes parce qu'il découure les erreurs de leur Theologie, & l'igno-rance groſſiere de leurs Autheurs, dans la doctrine ancienne de ſaint Auguſtin & de l'Egliſe. Il leur ſemble que c'eſt vne injure inſupportable, & qu'ils s'en doiuent vanger, en abo-liſſant ce liure, & le ruinant dans l'opinion de tout le mon-de. Ils ſe ſoucient peu des cinq propoſitions & des hereſies qu'elles enferment. Ils ne tiennent pour heretiques que ceux qui ne croient pas qu'elles ſoient de Ianſenius; quoy qu'ils les condamnent en tous les ſens & en la maniere la plus abſoluë & la plus generale. Mais s'ils auoüent ſeulement qu'elles ſont de luy, ou qu'ils les condamnent, en ſon ſens, ils les tiennent pour parfaits Catholiques, ſans leur demander au-tre choſe, les laiſſant entendre tout ce qu'ils voudront par le

43

fens de Ianfenius, & fe contentans qu'ils l'appellent fens de Ianfenius, & que le nom de cét autheur paffe pour vn nom d'heretique.   La qualité de Catholique ou d'hererique confifte donc felon eux, à attribuer, ou à n'attribuer point ces propofitions à Ianfenius ; c'eft à dire que le nom de Ianfenius fait proprement l'herefie de ces propofitions , & felon qu'on le condamne, ou qu'on ne le condamne pas, on eft par la regle des Iefuites , heretique ou Catholique , enfant de paix ou de perfecution , digne de benediction ou d'anatheme, fans auoir efgard aux propofitions ny a ce qu'elle fignifient en elles mefmes.   Voila proprement l'eftat de l'affaire, & le point fur lequel les Iefuites baftiffent leur *Ianfenifm* & cette *herefie Ianfenienne* qu'ils veulent qu'on pourfuiue à toute extremité, & plus qu'aucune herefieny aucunefecte ne l'a jamais ifté, fans efpargner aucune perfonne, de qu'elque condition qu'elle foit , depuis les plus eminentes en dignité, en vertu , & en merite, jufqu'aux plus baffes , aux plus ignorantes, & mefmes incapables de connoiftre cette herefie nouuelle, & de fçauoir ce qu'il y a dans le liure de Ianfenius , & ce que veut dire *fens de Ianfenius*, comme les Religieufes & les Maiftres d'Efcoles.   La pofterité aura peine de croire vn fi grand defordre, & elle s'eftonnera qu'on ait pû fouffrir que l'Eglife ait efté trauaillée durant tant d'années par vne guerre fi injufte & fi aueugle, comme s'il s'agiffoit des fondements de la Religion, pour le feul intereft & la vaine gloire d'vne compagnie de Religieux, qui abufant de la facilité de quelques Euefques, font paffer leur vanité & leur animofité pour la Foy, & pour la caufe de l'Eglife.

Cét efcrit auoit efté fait peu apres la deliberation de quelques Prelats affemblées le 2. Octobre.   Mais l'impreßion en auoit toûjours efté differée & empefchée par diuerfes rencontres ; Et on commençoit à y trauailler, quand la Relation du P. Ferrier a paru en public.   Ce qui a encor fait voir plus clairement l'importance & la neceßité de cét efcrit: parce que le P. Ferrier ayant entrepris dans fa Relation de juftifier la conduite & le jugement de cette Affemblée, on trouuera par auance dans cét efcrit la refutation de la pluffart de ce qu'il a dit pour la deffendre.

Errata , pag. 2. voulant, lifez pouuant. pag. 2. furd. lifez fardi, pag. 19 tous lifez plus pag. 20. reprefentée, lifez prefentez pag. 21. cenfures lif. cenfeurs, pag. 24. nier, lif. nuire